LES ARCHIVES DÉPARTEMENTALES DE FRANCE.

# ANNUAIRE DE L'ARCHIVISTE

DES

## PRÉFECTURES, DES MAIRIES ET DES HOSPICES,

### 1863

### (TROISIÈME ANNÉE)

POUR FAIRE SUITE AU

MANUEL DE L'ARCHIVISTE,

CONTENANT

LES LOIS, DÉCRETS, ORDONNANCES, RÈGLEMENTS, CIRCULAIRES
ET INSTRUCTIONS RELATIFS AU SERVICE DES ARCHIVES;

DES RENSEIGNEMENTS PRATIQUES POUR LEUR EXÉCUTION ET POUR LA RÉDACTION
DES INVENTAIRES;

PAR M. AIMÉ CHAMPOLLION-FIGEAC.

PARIS,

IMPRIMERIE ET LIBRAIRIE ADMINISTRATIVES
DE PAUL DUPONT,
RUE DE GRENELLE-SAINT-HONORÉ, 45.

LIBRAIRIE ARCHÉOLOGIQUE
DE J.-B. DUMOULIN
QUAI DES AUGUSTINS, 13

1863.

F.

# NOTE PRÉLIMINAIRE.

L'*Annuaire* de 1863 a été rédigé sur le plan de celui de 1860; il peut servir ainsi de complément au *Manuel de l'Archiviste*, auquel le public a bien voulu faire un accueil favorable. Comme dans le précédent, on y trouvera :

ARCHIVES DÉPARTEMENTALES. — 1° L'état du personnel des Archivistes des Préfectures, la date de leur nomination, leurs titres honorifiques, leur traitement et celui de leur adjoint, ou bien de leur auxiliaire ; la liste des ouvrages qu'ils ont publiés, principalement en ce qui concerne les Archives et l'histoire départementale.

2° Les délibérations des Conseils généraux pendant la session du mois d'août 1861 relatives au service des Archives Départementales, Communales, Hospitalières et aux Bibliothèques Administratives. Elles sont précédées des rapports des Préfets, contenant de précieux renseignements sur les collections formant chaque dépôt, sur les plus notables accroissements qu'ils ont reçus, enfin sur les travaux de classement et d'inventaire exécutés pendant l'année qui vient de s'écouler. On peut ainsi connaître l'état de ces quatre branches d'un même service et apprécier l'intérêt que chaque département attache à ses Archives. On suivra, par cette publication annuelle, toutes les phases d'améliorations diverses des Archives depuis l'année 1838, époque où la loi relative aux Conseils généraux a rendu obligatoires les dépenses de garde et d'entretien des Archives Départementales.

3° Les noms des départements et des arrondissements dont les Archives ont été inspectées en 1862.

4° Les décrets et les nouvelles décisions, circulaires et instructions du Ministre de l'Intérieur concernant les Archives, ainsi que quelques précédents administratifs utiles à connaître pour MM. les Archivistes.

5° Nous avons ajouté, cette année, un chapitre spécial destiné, à constater l'état de la publication, dans chaque département, des inventaires-sommaires des Archives civiles, et à donner quelques notions particulières sur les collections historiques ou administratives analysées dans ces inventaires imprimés. Ce travail nous a paru devoir servir de complément au chapitre suivant.

6° Des *Notices historiques* sur les Archives des Préfectures de l'Ardèche, des Ardennes, de l'Ariége et de l'Aube. Cette dernière *Notice* a été rédigée par M. d'Arbois de Jubainville, Archiviste de ce département. Elles font connaître leurs origines, leur formation, la liste des collections dont elles se composent et les documents les plus importants, pour l'histoire ou l'administration, que l'on peut y consulter.

ARCHIVES COMMUNALES. — La suite des noms des secrétaires et des employés de mairies, ou des élèves de l'École des Chartes et des littérateurs chargés de rédiger les inventaires des Archives Communales ; des renseignements sur les documents les plus importants des dépôts municipaux destinées à en faire connaître le haut intérêt.

ARCHIVES DES HOSPICES. — Il en est de même pour les Archives des Hospices. Nous mentionnons les pièces les plus importantes des dépôts qui ont été inventoriés, soit par des élèves de l'École des Chartes, soit par des érudits des départements.

BIBLIOTHÈQUES ADMINISTRATIVES. — Elles ne sont pas oubliées, et nous faisons connaître, avec quelques détails, celles des départements qui ont une certaine valeur bibliographique ; mais le manque d'espace ne nous a pas permis de nous étendre, cette année, sur cette partie du service du bureau des Archives.

Comme l'année dernière, nous faisons un appel au concours de MM. les Archivistes ; leur Annuaire pourra devenir d'une utilité plus générale, s'ils veulent bien nous communiquer des faits intéressants, ou des questions spéciales relatives à leur service administratif. Ces communications de leur part seront accueillies avec empressement et publiées sous leur nom lorsqu'ils le désireront (1).

---

(1) Toutes communications, réclamations, ou renseignements historiques doivent être adressées *franco* à M. Aimé Champollion, rue Joubert, 28, à Paris.

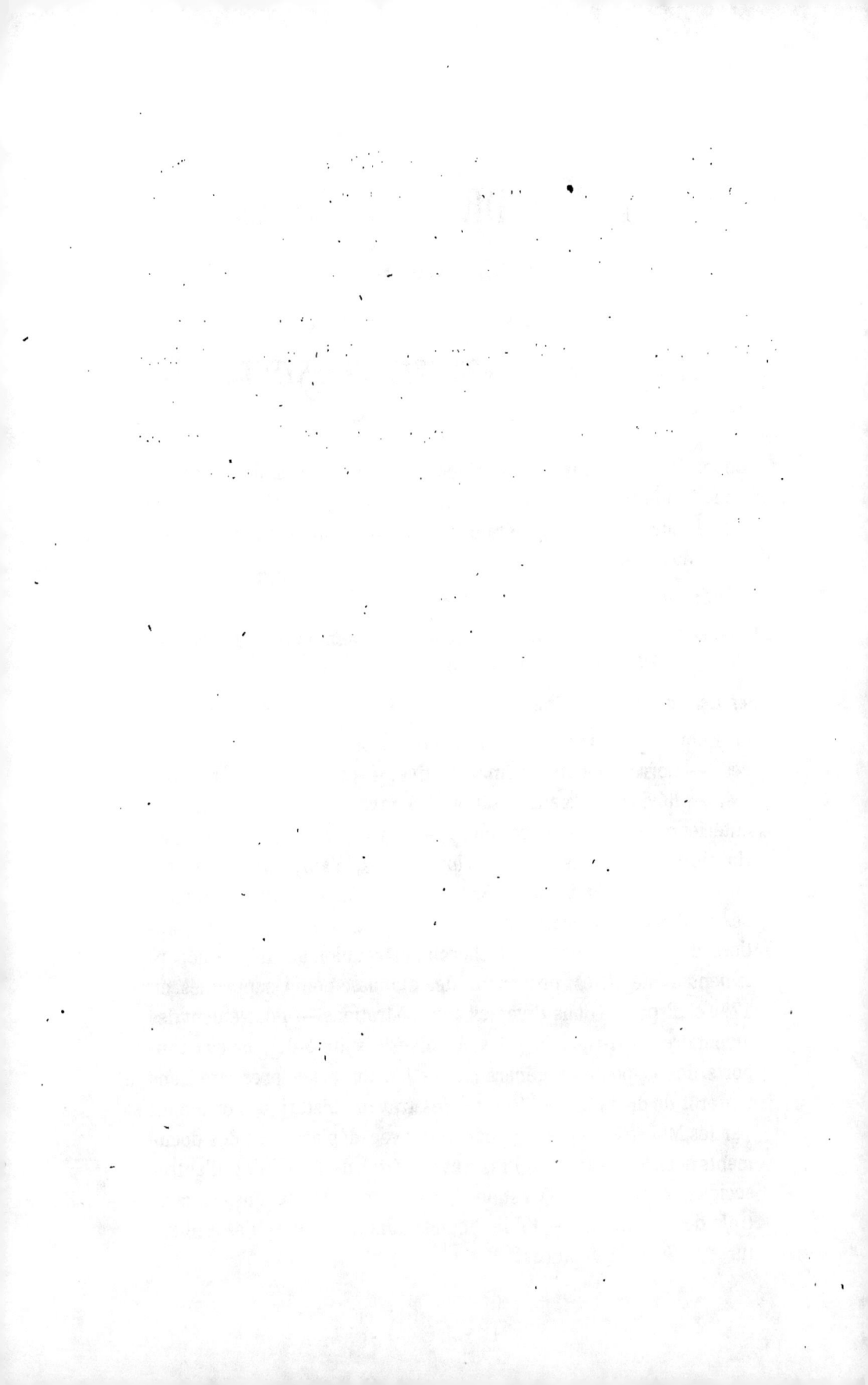

# ANNUAIRE DE L'ARCHIVISTE

## POUR 1863.

## SERVICE CENTRAL DES ARCHIVES DÉPARTEMENTALES.

Le service des Archives des Préfectures, des Mairies, des Hospices et des Bibliothèques administratives est du ressort du Ministère de l'Intérieur, Direction générale de l'Administration intérieure, — division du secrétariat.

*Chef de division*: M. de Martres ✳✳.

2ᵉ Bureau. — *Archives départementales, communales et hospitalières. — Bibliothèques administratives.*

*Chef de bureau* : M. Aimé Champollion-Figeac ✳. Conservation et classement des Archives des Préfectures, des Mairies et des Hospices. — Correspondance administrative. — Examen des Archivistes. — Révision et centralisation des inventaires des documents antérieurs à 1790 déposés aux Préfectures, aux Mairies et aux Hospices. — Impression de ces inventaires, d'après un cadre uniforme (décision du 12 août 1861). — Contrôle des suppressions et des ventes de papiers inutiles appartenant à toutes les administrations départementales. — Recherche et réunion aux dépôts départementaux de titres provenant des établissements supprimés en 1790 et dispersés dans diverses administrations. — Récolement des inventaires. — Inspection des Archives ; suite à donner aux rapports des inspecteurs généraux. — Recherches à prescrire dans l'intérêt du domaine de l'État ou des travaux historiques ordonnés par les Ministres ; — communication avec déplacement des documents pour les travaux de l'Institut impérial de France et d'autres sociétés savantes. — Questions à soumettre à la Commission centrale des Archives. — Bibliothèques administratives des Préfectures et Sous-Préfectures.

*Sous-chefs :* MM. Jacob et Pélicier. — *Rédacteurs :* MM. Rochas, Baudillon, Pautet du Rosier ✳, Cramail, comte de Bardonenche, Rivière.

INSPECTEURS GÉNÉRAUX DES ARCHIVES DÉPARTEMENTALES.

*De première classe :* MM. de Stadler (O ✳), Francis Wey (O ✳) ; — *de seconde classe ;* MM. de Rozière ✳, Bertrandy.

BIBLIOTHÈQUE ADMINISTRATIVE DU MINISTÈRE DE L'INTÉRIEUR (1).

*Bibliothécaire :* M. Niel ✳ ; — *Bibliothécaire-adjoint :* M. Boulay-Paty ✳.

COMMISSION DES ARCHIVES DÉPARTEMENTALES, COMMUNALES ET HOSPITALIÈRES.

Son Exc. M. le Ministre de l'Intérieur, *président ;*

MEMBRES : MM. Thuillier, conseiller d'État, directeur général de 'Administration intérieure ; Mérimée, sénateur ; de Saulcy, sénateur ; comte Caffarelli, député ; comte Léon de Laborde, directeur général des Archives de l'Empire ; N. de Wailly, membre de l'Institut ; Paulin Paris, membre de l'Institut ; de La Saussaye, membre de l'Institut ; Lacabane, directeur de l'École impériale des Chartes : de Martres, chef de division du secrétariat ; de Stadler, inspecteur général ; Francis Wey, *idem* ; de Rozière, *idem* ; Bertrandy, *idem* ; Marion, archiviste paléographe ; M. Champollion, chef de bureau des archives, secrétaire de la Commission (2).

---

(1) Indépendamment de cette bibliothèque, S. Exc. M. le Ministre de l'Intérieur a réuni, dans son cabinet, une collection des principaux ouvrages relatifs aux arts, à la littérature et à l'histoire.

(2) L'examen des inventaires des Archives départementales, communales et des Hospices, fournis en exécution des circulaires des 24 avril 1841, 20 janvier 1854, 10 juin 1854 et 25 août 1857, exige beaucoup de temps. Ces instructions ont prescrit un cadre de classement uniforme pour tous les dépôts départementaux de la France : il importe au plus haut point que les travaux dont il s'agit soient contrôlés et centralisés, tant pour assurer l'uniformité de l'exécution, que pour réunir les éléments d'une publication complète et régulière de toute les richesses historiques et administratives de la France. Les travaux d'inventaire ont pris, depuis quelques années, un développement considérable et donnent lieu à une correspondance étendue.

Son Exc. M. le Ministre de l'Intérieur a ordonné l'impression de ces inventaires par circulaire en date du 12 août 1861 ; les Conseils Généraux se sont associés avec empressement à la pensée de Son. Exc. La copie et toutes les épreuves de cette publication sont revisées par le bureau des Archives, qui donne le *bon à tirer* de chaque feuille.

# I. ARCHIVES DÉPARTEMENTALES.

## 1° Personnel.

**Ain.** — *Archiviste :* M. Baux (Jules), nommé le 1er août 1838, confirmé par le Ministre le 24 juillet 1840 ; — chevalier de la Légion d'honneur (1853) et officier de l'ordre des SS. Maurice et Lazare. Le Conseil général lui a voté plusieurs fois des félicitations sur ses travaux, notamment aux sessions de 1840, 1847 et 1851. M. Baux est inspecteur des Archives Communales et Hospitalières et Correspondant du Comité historique du Ministère de l'Instruction publique, membre des Académies de Lyon, Dijon, Savoie, etc.

*Traitement :* 2,400 fr. ; un auxiliaire, 1,000 fr. ; matériel, 400 fr.

*Publications :* Histoire de l'église de Brou, in-8° ; — Histoire de la réunion à la France des provinces de Bresse, Bugey, etc.; — L'église de Notre-Dame de Bourg ; — Nobiliaire de la province de Bresse.

**Aisne.** — *Archiviste :* M. Matton (Auguste), nommé le 1er avril 1848, confirmé par le Ministre le 1er mars 1850 ; — il est Correspondant du Comité des arts, de l'histoire et de la langue près le Ministère de l'Instruction publique et licencié en droit. Le Conseil général lui a voté plusieurs fois des félicitations. M. Matton est inspecteur des Archives Communales et Hospitalières du département.

*Traitement :* 2,400 fr. ; frais d'inspection, 500 fr. ; un auxiliaire ; 1,000 fr.; matériel, 500 fr.

*Publications :* Annuaire historique du département de l'Aisne ; — Armoiries des villes du département ; — Notice sur l'Assemblée provinciale du Soissonnais ; — Mémoire sur le collége de Laon, fondé en l'Université de Paris, etc.

**Allier.** — *Archiviste :* M. Chazaud (Alphonse), *élève de l'École des Chartes*, licencié ès lettres, nommé le 30 août 1852. —Le Conseil général l'a chargé de rechercher dans les Archives et les Bibliothèques de Paris les documents concernant le département, et d'en rédiger l'inventaire analytique. Il est inspecteur des Archives Communales et Hospitalières.—L'Académie des inscriptions et belles-lettres de l'Institut a accordé une mention très-honorable à un de ses ouvrages, envoyé au concours des Antiquités nationales de 1861.

*Traitement* : 2,400 fr.; frais d'inspection, 300 fr.; un auxiliaire, 600 fr.; matériel, 200 fr.

*Publications* : Divers articles sur l'histoire du Bourbonnais;—dans la Bibliothèque de l'École des Chartes et dans le Recueil de la Société d'émulation de l'Allier. — Fragments du cartulaire de la Chapelle Aude, in-8°, 1860.

ALPES (Basses-). — *Archiviste* : M. Isnard (Cyriaque), nommé le 18 décembre 1841, confirmé par le Ministre le 20 avril 1842; — a obtenu plusieurs fois des félicitations du Conseil général.

*Traitement* : 1,800 fr. et un logement; classement extraordinaire, 100 fr.

*Publications* : (Aucune.)

ALPES (Hautes-) : *Archiviste* : M. Charronnet (Charles), *élève de l'É-cole des Chartes*, nommé le 16 janvier 1852, est inspecteur des Archives Communales et Correspondant du Comité historique du Ministère de l'Instruction publique.

*Traitement* : 2,200 fr.; dépouillement extraordinaire et inspections, 820 fr.; un auxiliaire, 600 fr.

*Publications* : Notice historique sur les monastères de Durbon et de Berthaud; —Études sur les Sociétés savantes du département des Hautes-Alpes; — Les guerres de religion et la société protestante ans les Hautes-Alpes.

ALPES-MARITIMES. — *Archiviste* : M. Gallois-Montbrun, nommé à titre provisoire en juillet 1861.

*Traitement* : 2,000 fr.; un auxiliaire, 1,200 fr.; matériel et dépouillement extraordinaire, 1,000 fr.; Bibliothèque Administrative, 2,000 fr.

*Publications* : (Aucune.)

ARDÈCHE. — *Archiviste* : M. Mamarot (Hippolyte), bachelier ès lettres et en droit, nommé le 15 février 1844. — Le Conseil général lui a voté plusieurs fois des félicitations.

*Traitement* : 2,600 fr.; inspection et frais divers, 500 fr.; bibliothèque administrative, 500 fr.

*Publications* : (Aucune.)

ARDENNES. — *Archiviste* : M. Sénémaud, nommé le 16 septembre 1862, confirmé le...; ancien professeur au lycée d'Angoulême, secrétaire de la Société archéologique de la Charente.

*Traitement* : 2,000 fr. ; inspection, 300 fr.

*Publications* : La bibliothèque de Charles d'Orléans, comte d'Angoulême, au château de Cognac, in-8°, 1861 ; — Notice historique sur la principauté de Marcillac, in-8°, 1862.

ARIÉGE. — *Archiviste* : M. Orliac (Jean-Louis), avocat, nommé le 19 décembre 1844, confirmé par le Ministre le 5 avril 1845.

*Traitement* : 2,400 fr.; un auxiliaire, 600 fr.; inspection, 300 fr.; matériel 300 fr.

*Publications* : (Aucune.)

AUBE. — *Archiviste* : M. d'Arbois de Jubainville (Henri), *élève de l'École des Chartes*, licencié en droit, nommé le 27 janvier 1852 ; — a obtenu de l'Académie des inscriptions et belles-lettres une première médaille au concours des Antiquités de la France en 1859; un rappel de médailles en 1860 et quatre mentions très-honorables. Il est inspecteur des Archives Communales, Correspondant du Comité historique du Ministère de l'Instruction publique et officier d'Académie.

*Traitement* : 3,600 francs ; un Archiviste adjoint, 1,000 francs;

matériel, 800 francs ; frais d'inspection, 300 francs ; estampillage des documents, 200 francs.

*Publications* : Recherches sur la minorité et ses effets en droit féodal ; — Pouillé du diocèse de Troyes ; — Voyage paléographique dans le département de l'Aube ; — Essai sur les sceaux des comtes de Champagne ; — Quelques observations sur les six premiers volumes de l'Histoire de France de M. Henri Martin ; — Histoire des ducs et comtes de Champagne, depuis le vıᵉ siècle jusqu'à la fin du xıᵉ (3 volumes in-8° ont déjà paru) ; — Études sur l'état intérieur des abbayes Cisterciennes aux xııᵉ et xıııᵉ siècles, un volume in-8°.

Aude.—*Archiviste* : M. Mouynès (Germain), nommé le 12 mars 1853, confirmé par le Ministre le 25 novembre 1853. — Il est inspecteur des Archives Communales.

*Traitement* : 2,400 francs ; dépouillement extraordinaire d'archives, 100 fr.; frais d'inspection, 400 fr.; matériel, 200 fr.

*Publications* : (Aucune.)

Aveyron. — *Archiviste* : M. Affre (Louis-Frédéric-Henri), bachelier ès lettres, ancien professeur d'histoire, membre de la Société des lettres, sciences et arts de l'Aveyron, nommé le 17 janvier 1862, confirmé le.... Il est inspecteur des Archives Communales.

*Traitement* : 2,400 fr.; frais de reliure et de classement, 400 fr.; dépouillement extraordinaire, 300 fr.; matériel, 600 fr.

*Publications* : Simple récit historique sur Espalion, in-8°, 1850 ; — Lettres à mes neveux, sur l'histoire de l'arrondissement d'Espalion, in-8°, 1858 ; — Saint-Hilarion, patron d'Espalion.

Bouches-du-Rhône. — *Archiviste* : M. Blancard (Louis), *élève de l'École des Chartes*, nommé le 25 mai 1858. Il est inspecteur des Archives Communales.

*Traitement* : 3,000 francs ; frais d'inspection, 200 francs ; un adjoint, 1,500 francs ; entretien du matériel, 400 francs.

*Publications* : Catalogue des sceaux et bullés conservés aux Archives départementales, un volume in-fol. de texte et un de planches. — Notice sur les Archives anciennes des Bouches-du-Rhône, in-8°, 1861 ; — Éloge de Gabriel Jourdan, in-8°, 1861.

CALVADOS. — *Archiviste* : M. Châtel (Eugène), *élève de l'École des Chartes*, nommé le 1er janvier 1855.

*Traitement* : 3,500 francs ; deux auxiliaires, 1,200 et 800 francs; dépouillement extraordinaire, 600 francs ; classement des Archives de Falaise, 600 francs; dépenses diverses, 820 francs.

*Publications* : Études historiques sur Jean de La Bruyère, trésorier de France, au bureau des finances, in-8° ; — (avec M. de Rozière), Table méthodique et analytique des Mémoires des Académies des inscriptions et belles-lettres et des sciences morales et politiques; — l'un des rédacteurs du Journal général de l'Instruction publique; — Rapport à M. le Préfet sur les Archives départementales, in-8°, 1861.

CANTAL. — *Archiviste* : M. Dacier, nommé le 13 avril 1861, confirmé par le Ministre le 20 du même mois, est inspecteur des Archives Communales.

*Traitement* : 2,000 francs; matériel, 300 francs; inspection des Archives Communales, 400 francs.

*Publications* : Divers articles littéraires.

CHARENTE. — *Archiviste* : M. Babinet de Rancogne, nommé le 22 décembre 1860, confirmé le....

*Traitement* : 2,500 francs ; frais d'inspection, 500 francs ; matériel, 520 fr.

*Publications* : Rapport sur les Archives du greffe de la Sénéchaussée et siége présidial de l'Angoumois, in-8°, 1860.

CHARENTE-INFÉRIEURE. — *Archiviste* : M. Fauvelle (Jean-François), nommé le 15 juillet 1854, confirmé par le Ministre le 12 avril 1854.

*Traitement* : 2,400 francs ; un adjoint...

*Publications* : Mémoire sur la conservation du Cadastre.

CHER. — *Archiviste* : M. Barberaud (Guill.-Ant.-Charles), *élève de l'École des Chartes*, licencié en droit, nommé le 1ᵉʳ février 1856. L'inspection des Archives Communales a été conservée à M. Barberaud père, ancien Archiviste.

*Traitement* : 2,000 francs ; un auxiliaire, 1,000 francs ; inspection des Archives Communales, 400 francs ; matériel des Archives, 450 francs ; dépouillement extraordinaire, 400 francs ; reliure des manuscrits, 250 francs.

*Publications* : (Aucune.)

CORRÈZE. — *Archiviste* : M. Lacombe (Oscar), licencié en droit, nommé le 2 décembre 1854, confirmé par le Ministre le 4 février 1855. — Il est inspecteur des Archives Communales et Correspondant du Comité historique du Ministère de l'Instruction publique.

*Traitement* : 2,500 francs ; matériel, 100 francs.

*Publication* : Recherches sur la langue du bas Limousin, travail pour lequel il a reçu des félicitations de Son Exc. M. le Ministre de l'Instruction publique.

CORSE. — *Archiviste* : M. Friess-Colonna (Camille-Antoine), bachelier ès lettres et en droit, nommé le 19 août 1848, confirmé le 18 juin 1849. — Il est Correspondant du Comité historique du Ministère de l'Instruction publique.

*Traitement* : 2,800 francs ; deux employés, 1,300 et 1,000 francs ; matériel, 300 francs ; classement des papiers des Sous-Préfectures, 150 francs.

*Publications* : Histoire de la Corse, in-8° ; — Histoire générale de la Corse, adoptée pour les écoles.

CÔTE-D'OR. — *Archiviste* : M. Garnier (Joseph), ancien employé des Archives Départementales, ancien Archiviste de la ville de Dijon, nommé Archiviste départemental le 25 mars 1862. — M. Garnier a obtenu, en 1841, une médaille de première classe au concours des Antiquités Nationales de l'Institut de France ; il est membre de la Commission des antiquités du département et de l'Académie de Dijon.

*Traitement :* 2,500 francs, plus un logement ; deux employés, 800 et 700 francs, et un surnuméraire, 600 francs ; matériel, 870 francs. — M. de Gouvenin, Archiviste de la ville de Dijon, est inspecteur des Archives Communales et Hospitalières, au traitement de 1,000 francs.

*Publications :* Histoire du quartier de Bourg, à Dijon, in-8°, 1853 ; — Galerie Bourguignonne (en collaboration avec M. Muteau), 3 volumes in-18 ; — Annuaires de la Côte-d'Or (1858-1862) ;— Histoire du château et du village de Gilly ; — du château de Talant ; — de l'hôtel de la préfecture de Dijon ; —Nomenclature historique et statistique des noms de lieux de la Côte-d'Or ; —divers articles dans le recueil de l'Académie de Dijon et dans l'Annuaire.

Côtes-du-Nord. — *Archiviste :* M. Lamare (Jules), nommé le 7 mai 1860, confirmé le 13 novembre 1860, est bachelier ès lettres, officier d'Académie et inspecteur des Archives Communales.

*Traitement :* 2,400 francs ; un auxiliaire, 1,500 francs ; un expéditionnaire, 360 francs ; frais divers à la disposition de l'Archiviste, 300 francs ; matériel, 300 francs ; inspection des Archives Communales, 300 francs.

*Publications :* (Aucune.)

Creuse. — *Archiviste :* M. Bovieux (Jean-Bapt.-Auguste), bachelier ès lettres, nommé le 1er novembre 1851, confirmé le 21 février 1852. Il est inspecteur des Archives Communales et Correspondant du Comité historique du Ministère de l'Instruction publique.

*Traitement :* 2,400 francs ; mission à Paris, 500 francs ; matériel, 400 francs ; Bibliothèque administrative, 700 francs.

*Publications :* (Aucune.)

Dordogne. — *Archiviste :* M. Dessalles (Jean-Léon), ancien Archiviste aux Archives générales de l'Empire à Paris, lauréat de l'Institut, nommé le 4 décembre 1854. Il est inspecteur des Archives Communales.

*Traitement :* 2,000 francs ; frais d'inspection, 400 francs ; un adjoint, 600 francs ; matériel, 700 francs ; Bibliothèque administrative, 500 francs.

*Publications* : Rapport sur les anciennes Archives des comtes de Périgord, in-8° ; — Mémoire sur le Trésor des Chartes des rois de France ; — Périgueux et les deux derniers comtes de Périgord ; — Quelle a été l'influence de la croisade contre les Albigeois sur la langue et la littérature romane ?

Doubs. — *Archiviste* : M. Babey (François-Eugène), ancien Archiviste adjoint, nommé Archiviste, après douze années de service, le 11 octobre 1853, confirmé le 7 janvier 1854, sur la demande du Conseil général.

*Traitement* : 2,000 francs ; matériel, 430 francs ; un aide, 800 francs.

*Publications* : (Aucune).

Drôme. — *Archiviste* : M. Lacroix (André), nommé le 13 décembre 1860, confirmé le                     , est inspecteur des Archives Communales et membre de la Société française d'Archéologie.

*Traitement* : 2,000 fr. ; un auxiliaire, 600 fr. ; matériel, 150 fr.

*Publications* : Notice historique sur le village d'Hauterive, 1854 ; — Lettres historiques sur la seigneurie de Pierrelate, in-12, 1862.

Eure. — *Archiviste* : M. l'abbé Lebeurier (Pierre), *élève de l'école des Chartes*, licencié ès lettres, nommé le 12 mai 1851. Il est inspecteur des Archives Communales.

*Traitement* : 2,400 fr. ; frais d'inspection, 500 fr. ; un auxiliaire, 1,500 fr. ; un expéditionnaire 800 fr. ; matériel, 2,000 fr. ; Bibliothèque administrative, 300 fr.

*Publications* : Rôle des taxes de l'arrière-ban du bailliage d'Évreux en 1562, avec une introduction. Paris, 1861 ; — Quelques articles dans la Bibliothèque de l'École des Chartes et dans les Mémoires de la Société libre de l'Eure ; — Notice historique sur la commune d'Acquigny, in-8°, 1862.

EURE-ET-LOIR. — *Archiviste* : M. Merlet (Lucien-Victor-Claude), *élève de l'École des Chartes*, licencié ès lettres, bachelier ès sciences, nommé le 17 octobre 1852. Il est inspecteur des Archives Communales et Correspondant du Comité historique du Ministère de l'Instruction publique.

*Traitement* : 3,000 fr. ; frais d'inspection, 200 fr. ; matériel, 1,500 fr.

*Publications* : Cartulaire de Vaux de Cernay ; — divers articles dans la Bibliothèque de l'École des Chartes.

FINISTÈRE. — *Archiviste* : M. Le Men (René), bachelier ès lettres, nommé le 17 décembre 1851, confirmé par le Ministre le 19 juillet 1853. Il est inspecteur des Archives Communales.

*Traitement* : 2,500 fr. ; un auxiliaire, 500 fr. ; matériel, 300 fr.

*Publications* : Monographie de la cathédrale de Quimper.

GARD. — *Archiviste* : M. Chamand (Antoine-Joseph), chevalier de la Légion d'honneur (1815), nommé Archiviste le 20 septembre 1839, confirmé par le Ministre le 19 juin 1840.

*Traitement* : 3,000 fr. ; un auxiliaire, 600 fr. ; matériel 350 fr.

*Publications* : (Aucune.)

GARONNE (HAUTE-). — *Archiviste* : M. Baudouin (Auguste-Adolphe), *élève de l'École des Chartes*, ancien Archiviste de la Haute-Marne ; nommé dans la Haute-Garonne le 31 décembre 1856, est Correspondant du Comité historique du Ministère de l'Instruction publique.

M. Judicis, premier adjoint, chargé des Archives judiciaires ; deuxième adjoint, M. Lapierre.

*Traitement* : 3,000 fr. ; frais d'inspection, 400 fr. ; deux adjoints archivistes, 1,500 et 1,400 fr. ; deux employés, 900 et 400 fr. ; matériel, 350 fr.

*Publications* : Des articles dans la Bibliothèque de l'École des Chartes.

GERS. — *Archiviste* : M. Niel (Gabriel), nommé le 7 août 1858, confirmé le 5 mai 1859, membre de la Société de l'Histoire de France, secrétaire du Comité archéologique de la province d'Auch. Il est inspecteur des Archives Communales.

*Traitement* : 2,000 fr. ; matériel, 400 fr.

*Publications* ; Lectoure, ville libre ; — Mémoire sur les manuscrits d'Aignant Du Saindat ;—M. de Salligni, intendant d'Auch ;—Sur la décentralisation artistique et littéraire ; — Origine de Condom.

GIRONDE. — *Archiviste* : M. Gras (Jean-Baptiste), nommé le 31 décembre 1837.

*Traitement* : 3,000 fr., plus un logement; deux employés, 1,200 fr. et 700 fr. ; matériel, 580 fr. ; inspection des Archives Communales par les inspecteurs de l'Instruction primaire, 1,000 fr.; M. P. Champmas est chargé de la Bibliothèque administrative.

*Publications* : Manuel des poids et mesures.

HÉRAULT. — *Archiviste* : M. Thomas (Eugène), bachelier ès lettres, lauréat de l'Institut, nommé le 31 décembre 1838, confirmé par le Ministre le 29 juin 1840. Il est inspecteur des Archives communales.

*Traitement* : 4,000 fr., y compris les frais d'inspection ; un auxiliaire, 1,400 fr. ; matériel, 600 fr.

*Publications* : Annuaire départemental;—Description du département, 1838;—Essai historique et descriptif sur Montpellier;—Introduction bibliographique à l'histoire du Languedoc; — Mémoire sur l'histoire, la géographie, etc., du département, 2 volumes in-4°.

ILLE-ET-VILAINE. — *Archiviste* : M. Quesnet (Édouard), Correspondant du Comité historique du Ministère de l'Instruction publique, nommé le 25 avril 1853; ancien Archiviste communal de Beauvais. Il est inspecteur des Archives Communales et Hospitalières.

*Traitement* : 2,400 fr. ; un auxiliaire, 1,200 fr. ; matériel, 240 fr.

*Publications* : Documents divers, dans les *Mélanges de la collec-*

*tion des documents inédits* ;—Rapport sur les Archives Communales de l'Oise ; — Aperçu sur les Archives d'Ille-et-Vilaine ; — Mélanges d'histoire et d'archéologie Bretonne.

INDRE. — *Archiviste* : M. Desplanques (Alexandre), *élève de l'École des Chartes*, nommé le 2 novembre 1858.

*Traitement* : 2,000 francs ; un adjoint, 1,200 francs ; matériel, 420 francs.

*Publications* : L'Abbaye de Fontgombaud et les seigneurs d'Alloigny de Rochefort, in-8°, 1861 ;—Du pillage de quelques abbayes de l'Indre dans le courant du XVIe siècle, in-8°, 1862 ; — L'église et la féodalité dans le bas Berry, in-8°, 1862.

INDRE-ET-LOIRE. — *Archiviste* : M. L. de Grandmaison (Charles), *élève de l'École des Chartes*, nommé le 7 décembre 1852.

*Traitement* : 3,000 francs ; un auxiliaire, 800 francs ; frais d'inspection, 200 francs ; matériel, 294 francs.

*Publications* : Du commerce au moyen âge ;—Dictionnaire héraldique ; — Des appels en cour de Rome jusqu'au concile de l'an 347 ; — Notice sur les Archives d'Indre-et-Loire ; — La Touraine sous la domination des comtes d'Anjou.

ISÈRE. — *Archiviste* : M. Pilot-Déthorey (Jean-Joseph-Antoine), ancien Archiviste adjoint, nommé Archiviste le 20 juillet 1850, confirmé par le Ministre le 31 du même mois.

*Traitement* : 2,500 francs, plus un logement ; un adjoint, 400 francs ; inventaire de la Sous-Préfecture de la Tour-du-Pin, 100 fr. ; inspection, 100 francs.

*Publications* : Recherches sur les antiquités Dauphinoises ; — Histoire municipale de Grenoble ; —Statistique de l'Isère ;— Histoire de Grenoble.

JURA.—*Archiviste* : M. Junca (Étienne), *élève de l'École des Chartes*, nommé le 15 octobre 1859.

*Traitement* : 2,400 francs ; un auxiliaire, 1,200 francs ; matériel, 400 francs.

*Publications* : (Aucune.)

LANDES. — *Archiviste* : M. Tartière (Jean-Henri), bachelier ès lettres, ancien professeur de l'Université, nommé le 7 mars 1861, confirmé le 24 septembre 1861. Il est inspecteur des Archives Communales.

*Traitement* : 2,000 francs ; inspection, 400 francs ; matériel, 100 francs.

*Publications* : Simples notices sur les Mont-de-Marsan, Saint-Sever et Dax, in-12, 1862.

LOIR-ET-CHER. — *Archiviste* : M. de Martone (Alfred), *élève de l'Ecole des Chartes*, nommé le 30 janvier 1854. Il est inspecteur des Archives Communales.

*Traitement* : 2,400 francs ; un auxiliaire, 600 francs ; matériel, 628 francs.

*Publications* : Les grandes écoles et colléges de Blois ;—Notice sur les Archives de l'église Saint-Martin de Vendôme ;—Rapports sur les Archives Départementales, Communales et Hospitalières de Loir-et-Cher ; in-8°, 1862. — Le grand Cartulaire de Blois (prospectus).

LOIRE. — *Archiviste* : M. Chaverondier (Auguste), docteur en droit, nommé le 31 mai 1861, conformé le 16 février 1862. Il est inspecteur des Archives Communales ; il a obtenu au concours des Antiquités nationales de l'Institut de France une mention honorable.

*Traitement* : 2,500 francs ; frais d'inspection, 400 francs ; matériel, 600 francs ; un auxiliaire, 600 francs.

*Publications* : Inventaire des titres du comté de Forez, dressé en 1532 par J. Luiller, auditeur des Comptes, in-8°, 1860 ; — Notice pour servir à la biographie de J.-M. de La Mure, historien du Forez, in-8°, 1861.

LOIRE (HAUTE-). — *Archiviste* : M. Aymard (Auguste), nommé le 23 janvier 1840, Correspondant du Comité historique du Ministère de l'Instruction publique et de la Commission des monuments historiques du Ministère d'État. Cette dernière Commission a décerné une médaille d'honneur à M. Aymard, etc., etc. Il est inspecteur des Archives Communales, (Voyez le *Manuel*, p. 176, pour les travaux de M. Aymard, relatifs aux Archives des Communes), et vice-président de la Société académique du Puy.

*Traitement* : 2,400 francs, matériel, 200 francs.

*Publications* : Catalogue des titres de la Maison Consulaire de la ville du Puy ; — Album photographique d'archéologie religieuse ; — nombreux mémoires sur des questions d'histoire et d'archéologie ; — Le Géant du rocher de Corneille au Puy-en-Velay, in-8°, 1861 ; — Études archéologiques sur le Lac du Bouchet, in-8°, 1862.

Loire-Inférieure. — *Archiviste* ; M. Ramet (François-Mathurin), bachelier ès-lettres, nommé le 1er janvier 1841, employé aux Archives depuis 1836.

*Traitement* : 3,000 francs ; un auxiliaire, 1,200 francs, qui est chargé de rédiger les inventaires sommaires des documents antérieurs à 1790 ; matériel, 300 francs.

*Publications* (Aucune).

Loiret. — *Archiviste* : M. Maupré (François-Alphonse), *élève de l'École des Chartes*, nommé le 8 janvier 1861.

*Traitement* : 3,000 francs ; un auxiliaire ... francs ; inspection des Archives Communales, 300 francs ; M. de Vassal, ancien Archiviste, est chargé de cette inspection et du classement des Archives de la Sous-Préfecture de Gien, 420 francs.

*Publications* : (Aucune.)

Lot. — *Archiviste* : M. Combarieu (François), nommé le 15 janvier 1850. Il est inspecteur des Archives Communales.

*Traitement* : 2,000 francs ; matériel, 400 francs ; classement des Archives des Sous-Préfectures, 200 francs.

*Publications* : (Aucune.)

Lot-et-Garonne. — *Archiviste* : M. Croset (Ernest-Edmond), *élève de l'École des Chartes*, nommé le 3 mai 1857, est inspecteur des Archives Communales, Correspondant du Comité historique du Ministère de l'Instruction publique, membre de la Commission d'architecture du département et de la Société d'agriculture, sciences et arts d'Agen.

*Traitement* : 2,000 francs ; matériel, 400 francs ; inspection, 900 francs ; matériel et Bibliothèques administratives, 1,000 francs.

*Publications* : Troubles démocratiques à Agen au XIV° siècle ; — Notice sur la commune de Lamontjoye ; — Catalogue indicatif des titres intéressant le département de Lot-et-Garonne conservés aux Archives de l'Empire et à la Préfecture de la Gironde ;—Coutume de Lamontjoye (*Revue du droit français*) ; — Recueil de la Société des sciences et arts d'Agen (divers articles) ;—Coup d'œil sur les Archives de l'intendance de Guienne, in-8°, 1862.

LOZÈRE. — *Archiviste* : M. Hubert (Théodore), *élève de l'École des Chartes*, nommé le 22 septembre 1862.

*Traitement* : 1,800 francs ; inspection des Archives Communales, 200 francs ; matériel, 50.

*Publications* : (Aucune.)

MAINE-ET-LOIRE. — *Archiviste* : M. Port (Célestin), *élève de l'École des Chartes*, licencié ès lettres, lauréat de l'Institut, nommé le 20 décembre 1854. Il est inspecteur des Archives Communales et Correspondant du Comité historique du Ministère de l'Instruction publique.

*Traitement* : 2,600 francs ; frais d'inspection, 100 francs ; un auxiliaire, 1,100 francs ; matériel, 300 francs.

*Publications* : Mémoire historique sur les inondations dans le département de Maine-et-Loire ;—divers articles dans la Bibliothèque de l'École des Chartes ;— dans la Biographie générale de Firmin Didot ; — collaborateur de l'ouvrage *Le Maine et l'Anjou*;—Essai sur l'histoire du commerce maritime de Narbonne, in-8°, 1855 ;—Inventaire analytique des Archives anciennes de la mairie d'Angers, suivi de documents inédits, 1861, grand in-8°.

MANCHE. — *Archiviste* : M. Dubosc (François), nommé le 31 décembre 1838, Correspondant du Comité historique du Ministère de l'Instruction publique, membre de la Société des Antiquaires de Normandie.

*Traitement* : 2,500 francs ; deux auxiliaires, 800 francs chacun ; matériel, 500 francs.

*Publications* : Notice sur la baronnie de La Haye-du-Puits ; —

L'église Notre-Dame de Saint-Lô; — L'abbaye de la Perrine; — L'occupation de la Normandie au xvᵉ siècle; — La paroisse d'Agneux; — La famille Panteul; — Jean Dubois, procureur du Roi à Saint-Lô.

MARNE. — *Archiviste* : M. Hatat (Noël), nommé le 15 janvier 1850, confirmé par le Ministre, le 27 mai 1851.

*Traitement* : 2,000 francs; un auxiliaire, 800 francs; matériel, 400 francs; inspection, 300 francs; classement des papiers des Sous-Préfectures, 700 francs.

*Publications* : (Aucune.)

MARNE (HAUTE-). — M. Chéron (Paul), *élève de l'École des Chartes*, nommé le 26 novembre 1860. Il est inspecteur des Archives Communales.

*Traitement* : 2,000 francs; un employé, 800 francs; matériel, 250 francs; inspection, 300 francs.

*Publications* : (Aucune.)

MAYENNE. — *Archiviste* : M. Noël (Joseph-Julien), nommé le 20 mai 1843, confirmé par le Ministre le 31 mai 1844. Il est inspecteur des Archives Communales.

*Traitement* : 1,900 francs; un auxiliaire, 400 francs; matériel, 100 francs; frais d'inspection, 300 francs; Bibliothèque administrative, 300 francs.

*Publications* : (Aucune.)

MEURTHE. — *Archiviste* : M. Lepage (Amédée-Henri), chevalier de la Légion d'honneur et de l'ordre de François-Joseph d'Autriche, bachelier ès lettres, nommé le 8 janvier 1846, confirmé par le Ministre le 4 février suivant. Il est Correspondant du Comité historique du Ministère de l'Instruction publique, président de la Société archéologique Lorraine, correspondant de plusieurs Sociétés savantes françaises et étrangères. Il a obtenu neuf mentions très-honorables à l'Institut impérial de France.

*Traitement* : 3,000 francs, plus un logement; matériel, 200 francs.

*Publications* : Histoire de Nancy, in-8°; — Statistique de la Meurthe,

2 volumes in-8° ; — Statistique des Vosges, 2 volumes in-8° ; — Les communes de la Meurthe, 2 volumes in-8° ; — Jeanne d'Arc est-elle Lorraine ? in-8° ; — Recherches sur l'origine et les premiers temps de Nancy, in-8° ; — Le Palais ducal de Nancy, in-8° ; — Le Trésor des Chartes de Lorraine, in-8° ; — L'Abbaye de Rouzières, in-8° ; — Les Archives du Notariat à Nancy, in-8° ; — Commentaires sur la chronique de Lorraine, in-8° ; — Documents inédits sur la guerre des Rustauds, in-8° ; — Inventaire des Archives Communales et Hospitalières de la Meurthe antérieures à 1790, in-8° ; — Dictionnaire topographique de la Meurthe, in-8° ; — Annuaire de la Meurthe ; — Rapports annuels sur les travaux opérés dans les Archives Départementales ; — Dissertations historiques dans les Mémoires de l'Académie de Stanislas et dans les publications de la Société d'archéologie Lorraine ; — Les Archives de la Cour impériale de Nancy, in-8°, 1862.

Meuse. — *Archiviste* : M. Marchal (Pierre-Adolphe), nommé le 1er janvier 1839, confirmé par le Ministre le 14 août 1854. M. Guillotel, adjoint.

*Traitement* : 2,400 francs ; matériel, 600 francs ; dépouillement extraordinaire des Archives, 500 francs.

*Publications* : (Aucune.)

Morbihan. — *Archiviste* : M. Rosenzweig (Louis-Théophile), *élève de l'École des Chartes*, nommé le 1er mai 1855. Il est bachelier ès sciences, inspecteur des Archives Communales et Correspondant du Comité historique du Ministère de l'Instruction publique.

*Traitement* : 2,600 francs ; frais d'inspection, 600 francs ; un auxiliaire, 500 francs ; matériel, 300 francs.

*Publications* : De l'office de l'amiral en France du XIIIe au XVIIe siècle ; — Recherches historiques dans les Archives Départementales, Communales et Hospitalières du Morbihan, in-12, 1862, trois brochures ; — Statistique archéologique de Vannes, in-8°, 1862 ; — *idem*, de l'arrondissement de Lorient, in-8°, 1860 ; — *idem*, de l'arrondissement de Napoléonville, in-8°, 1861.

Moselle. — *Archiviste* : M. Sauer (Charles-Louis), nommé le 24 décembre 1838, confirmé par le Ministre le 9 octobre 1840.

*Traitement* : 2,100 francs avec logement; un auxiliaire, 1,000 francs; matériel, 600 francs.

*Publications* : La Moselle administrative ; — Almanach spécial du commerce de Metz; — Aide-mémoire de l'officier de l'état civil.

Nièvre.—*Archiviste* : M. Leblanc–Bellevaux (Félix), bachelier ès lettres et en droit, nommé le 14 mai 1855, confirmé le 13 novembre 1856.

*Traitement* : 1,800 francs; matériel, 300 francs.

*Publications* : (Aucune.)

Nord. *Archiviste* : M. Leglay (André), chevalier de la Légion d'honneur, membre correspondant de l'Institut, docteur en médecine, ancien Archiviste et bibliothécaire de la ville de Cambrai, chevalier des ordres de Léopold de Belgique et du pape Saint-Grégoire-le-Grand ; nommé le 30 mars 1835 avec le titre d'*Archiviste général du département du Nord*. M. Leglay est le doyen des Archivistes départementaux.

*Traitement* : 5,000 francs, avec logement; deux employés, 1,800 francs chacun et un troisième 1,000 francs ; matériel, 900 francs ; inspection des Archives Communales confiée à M. Leglay fils, 500 francs.

*Publications* : Recherches sur l'église métropolitaine de Cambrai, in-4° ;—Notice sur les principales fêtes et cérémonies publiques qui ont eu lieu à Cambrai depuis le xi⁰ siècle jusqu'à nos jours ;—Lettres sur les duels judiciaires dans le nord de la France ; — Chronique de Balderic ; — Notice sur les Archives de la Chambre des Comptes de Lille ; — Mémoires sur les actes relatifs à l'Artois conservés aux Archives du Nord ;—Recherches sur les premiers actes publics rédigés en français ;—Anecdotes historiques ; —Correspondance de Maximilien, empereur ;—Notice sur les Archives Communales du Nord ;—Histoire et description des Archives générales du département du Nord ( deux éditions);—Négociations diplomatiques entre la France et l'Autriche;— Nouveau Mémoire sur les Archives du Nord, Lille, 1861;—Mémoire sur les Archives de l'abbaye de Saint-Jean-de-Valenciennes, in-8°, 1862.

Oise. —*Archiviste* : M. Desjardin (Gustave-Adolphe), *élève de l'École des Chartes*, ancien Archiviste de l'Aveyron, nommé, le juillet 1862, dans le département de l'Oise. Il est inspecteur des Archives Communales.

*Traitement* : 2,000 francs ; frais d'inspection, 300 francs ; un adjoint, 900 francs.

*Publications* : Armoiries de la ville de Rodez, in-8°.

ORNE. — *Archiviste* : M. Gravelle-Désulis (Pierre-Jacques), membre de plusieurs sociétés savantes des départements, nommé le 15 octobre 1849.

*Traitement* : 2,000 francs ; un auxiliaire, 600 francs ; matériel, 300 francs ; inspection, 500 francs.

*Publications* : Notices sur les abbayes de Silly ;— sur Saint-Martin-du-vieux-Bellême ;—sur Almenèches ;—sur la ville d'Argentan, etc.

PAS-DE-CALAIS. — *Archiviste* : M. Godin (Georges), ancien Archiviste-adjoint, nommé Archiviste le 1er janvier 1837. Il est inspecteur des Archives Communales, et a obtenu une mention honorable au concours de l'Académie des inscriptions et belles-lettres.

*Traitement* : 2,700 francs (avec logement) ; un premier employé, 1,000 francs et un second, 400 fr. ; matériel, 450 francs ; inspection, 300 francs.

*Publications* : Notice sur le beffroi de l'hôtel de ville d'Arras ; — Dictionnaire historique des rues d'Arras, etc. ; — Divers articles dans le Bulletin de la Commission des Antiquités du Pas-de-Calais.

PUY-DE-DÔME. — *Archiviste* : M. Cohendy (Michel), bachelier ès lettres, nommé le 26 décembre 1848, confirmé le 13 janvier 1854.

*Traitement* : 2,600 francs ; un aide, 600 francs ; matériel, .... francs.

*Publications* : Lettres autographes adressées à des personnages de la province par des rois, reines, etc., in-8°, 1858 ;—Chronique d'Auvergne, in-8°.

PYRÉNÉES (BASSES-). — *Archiviste* : M. Raymond (Paul), *élève de l'École des Chartes*, nommé le 18 janvier 1858.

*Traitement* : 2,500 francs ; frais d'inspection, 650 francs ; reliure et matériel, 600 francs; un auxiliaire, 600 francs.

*Publications* : La Bibliothèque de don Carlos, prince de Vianne ; — Lettres inédites du roi Henri IV.

PYRÉNÉES (HAUTES-).—*Archiviste* : M. Magenties, nommé le 1er janvier 1842, confirmé le 24 novembre 1842. Il est inspecteur des Archives Communales et membre de la Société académique des Hautes-Pyrénées.

*Traitement* : 2,300 francs; un aide, 800 francs ; matériel, 100 fr.

*Publications* : (Aucune.)

PYRÉNÉES-ORIENTALES.—*Archiviste* : M. Alart (Julien-Bernard), nommé le 8 mars 1862, confirmé le....., ancien professeur de l'Université. Il est inspecteur des Archives Communales.

*Traitement* : 2,300 francs ; un auxiliaire, 600 francs ; frais d'inspection, 200 francs.

*Publications* : Quelques chartes et priviléges de Villefranche de Conflent ; — Dissertation historique, avec insertion de 25 Chartes antérieures au XIVe siècle, in-8°, 1852 ; — Bérenger de Palasol, étude historique et littéraire sur ce troubadour roussillonnais ; — Excursions des Routiers en Roussillon au XIVe siècle ; — Géographie historique de Conflent; — Les Patronnes d'Elne ; — Géographie historique des Pyrénées-Orientales sous les Romains, les Wisigoths et les Arabes (transmis au Ministère pour la Commission de la carte des Gaules) ; — Le Chant catalan, dit *Goigs dels Ous* ;—Les anciens monastères du diocèse d'Elne ; — le Prieuré des Trinitaires de Corbiach ; — L'Abbaye cistercienne de Jau.

RHIN (BAS-). — *Archiviste* : M. Spach (Adolphe), chevalier de la Légion d'honneur, bachelier ès lettres et end roit, nommé le 30 octobre 1839, confirmé le 27 juin 1840 ; il est inspecteur des Archives Communales et Correspondant du Comité historique du Ministère de l'Instruction publique.

*Traitement* : 3,500 francs ; frais d'inspection, 300 francs ; un auxiliaire, 700 francs; matériel, 600 francs.

*Publications* : Biographie des Alsaciens illustres ; — Correspon-

dance d'Élisabeth d'Autriche ; — Rapports annuels sur les travaux
exécutés aux Archives Départementales; — Monographie du château
de Mohkoenizsbourg et de l'abbaye de Wissembourg ; — Lettres
sur les Archives Départementales du Bas-Rhin, in-12, 1861 ; —
Conrad de Bussang, évêque de Strasbourg, in-8°, 1861 ; — Le
Minnesinger Godefroy, de Strasbourg, in-8°, 1862; — Divers articles dans le recueil des *Curiosités de l'Alsace*, in-8°; — Études
sur quelques poëtes alsaciens du moyen âge, du XVIe au XVIIe
siècle, in-12, 1862.

RHIN (HAUT-). — *Archiviste:* M. Brièle (Léon), *élève de l'École des
Chartes*, nommé le 31 juillet 1858. Il est inspecteur des Archives
Communales.

*Traitement :* 2,200 francs ; un auxiliaire, 800 francs ; matériel,
200 francs ; inspection....

*Publications :* Rapport sur le fonds de la Régence d'Ensishem, in-
8°, 1861.

RHÔNE. — *Archiviste du département du Rhône :* M. Gauthier
(Jean - Prosper), nommé le 25 août 1848, confirmé par le
Ministre le 27 mars 1850 ; est inspecteur des Archives Communales, Correspondant du Comité historique près le Ministère
de l'Instruction publique et du Comité d'histoire et d'archéologie
de Lyon.

*Traitement :* 4,000 francs ; un aide, 600 francs ; matériel,
500 francs.

*Archiviste adjoint chargé des Archives Communales :* M. Rolle (Jac-
ques-François), 2,500 francs ; deux employés 1,500 et 1,400
francs ; reliure, 200 francs.

*Publications* de M. Gauthier : Divers articles relatifs à l'histoire
du département dans la Revue Lyonnaise; — Documents inédits relatifs au connétable de Richemont. — M. Rolle a publié : Documents
historiques (dans les Archives de l'art français et dans la Revue
Lyonnaise) sur le peintre Perréal ; — le Catalogue raisonné des Es-
tampes de la Bibliothèque de Lyon.

SAÔNE (HAUTE-). — *Archiviste :* M. Noël (Jean), nommé le 25 août

1842, confirmé par le Ministre le 24 décembre de la même année. Il est inspecteur des Archives Communales.

*Traitement* : 2,000 francs ; un adjoint (M. Besson), 800 francs ; frais d'inspection, 300 fr.

*Publications* : (Aucune.)

Saône-et-Loire. — *Archiviste* : M. Ragut (Camille), ancien bibliothécaire, nommé le 15 août 1842, confirmé le 5 avril 1845 ; est inspecteur des Archives Communales et Correspondant du Comité historique du Ministère de l'Instruction publique.

*Traitement* · 2,200 francs ; frais d'inspection, 300 francs ; un aide, 600 francs ; matériel, 650 francs ; Bibliothèque administrative de la Préfecture et des Sous-Préfectures, 1,100 francs.

*Publications* : Statistique du département de Saône-et-Loire ; — Cartulaire de Saint-Vincent de Mâcon ; — Comptes rendus des travaux de la Société du Mâconnais.

Sarthe. — *Archiviste* : M. Lepelletier-Deslandes, nommé le 1er mai 1857, confirmé le 23 février 1860.

*Traitement* : 2,500 francs ; matériel, 300 francs ; un auxiliaire, 600 francs.

*Publications* : Charles VI au Mans, études historiques ; — Travaux littéraires dans le Bulletin de la Société d'agriculture et arts de la Sarthe.

Savoie. — *Archiviste* : M. de Jussieu (Antoine-Alexis), ancien Archiviste de la Loire et de la Charente ; nommé le 30 juin 1860, en Savoie, officier d'Académie, Correspondant du Comité historique du Ministère de l'Instruction publique, membre de l'Académie impériale de Savoie et de sept autres Sociétés savantes, inspecteur des Archives communales et hospitalières et des monuments historiques de la Savoie.

*Traitement* : 3,000 francs ; un adjoint, chargé du cadastre, 1,600 francs ; un auxiliaire, 1,000 francs ; matériel, 5,000 francs ; Bibliothèque administrative, 800 francs.

*Publications* : Histoire de la chapelle N.-D. des Bezines, in-8°, 1857 ; — Mémoire sur les Assemblées provinciales des Protestants qui eurent lieu après la conversion d'Henri IV ; — Mémoire sur les franchises accordées par Charlemagne à la paroisse de Benays (Charente); — Annuaire historique et administratif du département de la Savoie, in-8°, 1863.

SAVOIE (HAUTE-). — *Archiviste* : M. Lecoy de La Marche (Albert), *élève de l'École des Chartes*, nommé le 21 mai 1861. Il est inspecteur des Archives Communales.

*Traitement* : 2,500 francs.

*Publications* : De l'autorité de Grégoire de Tours, Paris, in-8°, 1861. — De l'autorité de Grégoire de Tours, Réponse à M. Bordier, in-8°, 1862; — Histoire de l'Histoire, in-8°, 1862.

SEINE-INFÉRIEURE. — *Archiviste* : M. de Robillard de Beaurepaire (Charles-Marie), *élève de l'École des Chartes,* nommé le 31 mars 1851. Il est inspecteur des Archives Communales, bachelier en droit, et a obtenu une mention honorable au concours des Antiquités nationales de l'Académie des inscriptions et belles-lettres.

*Traitement* : 3,600 francs ; frais d'inspection, 300 francs ; deux employés, 1,500 et 700 francs, et un expéditionnaire ; matériel, 400 francs.

*Publications* : Notice sur Jean Masselin, auteur du Journal des États de 1444;—Entrée de Charles VIII à Rouen en 1485;—Essai sur l'asile religieux dans l'Empire romain et la Monarchie française;—De la Vicomté de l'eau de Rouen et de ses coutumes aux XIIIᵉ et XIVᵉ siècles ; — Note sur la prise du château de Rouen.

SEINE-ET-MARNE. — *Archiviste* : M. Lemaire (Côme), nommé le 13 novembre 1839, confirmé par le Ministre le 31 janvier 1844. Il est inspecteur des Archives Communales.

*Traitement* : 3,000 francs ; frais d'inspection, 600 francs ; un employé, 1,200 francs ; matériel, 900 francs.

*Publications* : Inventaire-Sommaire des Archives départementales antérieures à 1790. (Première partie), in-4°, 1862.

SEINE-ET-OISE. —*Archiviste* : M. Sainte-Marie Mévil (Charles-Henri), *élève de l'École des Chartes*, avocat, auxiliaire de l'Académie des inscriptions et belles-lettres, nommé le 20 décembre 1859. Il est inspecteur des Archives Communales.

*Traitement* : 3,000 francs; trois employés, 1,400, 1,100 et 1,000 francs; gratification, 500 francs; frais d'inspection, 300 francs; matériel, 700 francs; papiers des greffes, 300 francs.

*Publications* : Chartes de la Charité de N.-D. de la Couture ; — Documents relatifs à Bernai ; — Caffa et les colonies génoises de la Crimée ; — L'Abbaye N.-D. d'Yerres.

SÈVRES (DEUX-).—*Archiviste* : M. Goujet, *élève de l'École des Chartes*, nommé le 30 juillet 1859.
*Traitement* : 1,800 francs; matériel, 150 francs.
*Publication* : ...

SOMME. — *Archiviste* : M. Boca (Louis-Napoléon), avocat, *élève de l'École des Chartes*, nommé le 4 décembre 1850.

*Traitement* : 2,300 francs ; un adjoint, 500 francs ; un employé, 300 francs; matériel, 200 francs; Bibliothèque administrative, 300 francs.

*Publications* : Li romans de Bauduin de Seboure, 2 volumes in-8°.

TARN. — *Archiviste* : M. Jolibois (Emile), bachelier ès lettres, ancien Archiviste communal, nommé le 22 août 1859 Archiviste du Tarn, confirmé le 16 février 1862. Il est Correspondant du Comité historique du Ministère de l'Instruction publique; le Conseil général lui a voté des félicitations.

*Traitement* : 2,700 francs ; un auxiliaire, 1,000 francs ; matériel, 300 francs.

*Publications* : La Haute-Marne ancienne et moderne, ouvrage illustré de gravures sur bois et de cartes, grand in-8°, 1858. — Annuaire du département du Tarn pour l'année 1862, in-8° ; — Mémoire sur les Archives de la Haute-Marne, 1838 ; — Les Chroniques de l'évêché de Langres, traduites du latin et continuées jusqu'en 1789 ; — Histoire de la ville de Rhetel ; — Mémoire sur quelques monuments de Champagne ; — Histoire de la ville de Chaumont ; — La Roue de fortune, chronique du xiv<sup>e</sup> siècle.

TARN-ET-GARONNE. — *Archiviste* : M. Devals aîné, bachelier ès lettres, nommé le 29 mars 1862, confirmé le 21 août de la même année.

*Traitement* : 2,100 francs ; un employé, 400 francs ; matériel, 300 francs.

*Publications* : Histoire de Montauban, in-8°, 1855 ; — Études sur la juridiction des consuls de Montauban, in-8°, 1838 ; — Une visite au camp romain de Saint-Porquier, in-8°, 1860 ; — Études sur les limites des anciens peuples qui habitaient le département de Tarn-et-Garonne, in-8°, 1862.

VAR. — *Archiviste* : M. Ricaud (Antoine), nommé le 8 septembre 1847, confirmé par le Ministre le 19 février 1848. Il est inspecteur des Archives Communales.

*Traitement* : 2,500 francs ; un auxiliaire, 800 francs ; matériel, 400 francs.

*Publications* : (Aucune.)

VAUCLUSE. — *Archiviste* : M. Achard (Paul-Xavier), nommé le 29 janvier 1839, confirmé le 1<sup>er</sup> octobre 1853. Il est inspecteur des Archives Communales.

*Traitement* : 3,000 francs, avec logement ; frais d'inspection, 300 francs ; un employé, 800 francs ; matériel, 500 francs.

*Publications* : Annuaire statistique et historique de Vaucluse ; — Notice sur la culture de la garance ; — Notice sur les anciens remparts d'Avignon ; — Notice sur l'ancienne Aumône générale d'Avignon ; — Notice sur quelques anciens artistes d'Avignon ; — Dictionnaire historique des rues et des places publiques d'Avignon.

VENDÉE. — *Archiviste* : M. Filaudeau (Louis-Marie), bachelier ès lettres, nommé le 20 septembre 1837, confirmé le 7 juillet 1840.

*Traitement* : 2,000 francs.

*Publications* : (Aucune).

VIENNE. — *Archiviste* : M. Rédet (François-Xavier-Louis), *élève de l'École des Chartes* et Correspondant du Comité historique du ministère de l'instruction publique, nommé le. . . avril 1834. La Commission des Archives près le ministère de l'intérieur l'a recommandé à la bienveillance du gouvernement.

*Traitement* : 4,000 francs ; un aide à 1,000 francs ; inspection des Archives Communales, par les inspecteurs des écoles primaires, 600 francs ; matériel, 600 francs.

*Publications* : Tableau chronologique des chartes contenues dans les 27 volumes de D. Fonteneau ; — Chartes du chapitre de Saint-Hilaire de Poitiers.

VIENNE (HAUTE-). — *Archiviste* : M. Ardant (Jean-Maurice), lauréat de l'Institut, nommé le 14 janvier 1854, confirmé le 4 juin 1855. — Il est inspecteur des Archives Communales.

*Traitement* : 2,000 francs ; matériel, 150 francs ; dépouillement extraordinaire, 300 francs ; Bibliothèque administrative, 400 francs.

*Publications* : Histoire de l'église de Saint-Pierre-Duqueyroix ; — Les émailleurs et les émaux ; — Traduction de Suétone, etc.

VOSGES. — *Archiviste* : M. Guéry (Charles-Constant), nommé le 13 mai 1853, confirmé par le Ministre le 21 décembre 1855. — Il est inspecteur des Archives Communales et Hospitalières.

*Traitement* : 2,000 francs ; un auxiliaire à 600 francs ; matériel, 200 francs ; inspection, 400 francs.

*Publications* : Dans les Annales de la Société d'Émulation des Vosges : Inventaire sommaire des Archives Départementales des Vosges.

YONNE. — *Archiviste* : M. Quantin (Mathieu-Maximilien), chevalier de la Légion d'honneur (1853), nommé Archiviste le 28 avril 1833, confirmé par le Ministre le 5 juillet 1843 ; est inspecteur des Archives Communales et Correspondant du Comité historique du ministère de l'Instruction publique. Une médaille d'or lui a été décernée par le Ministre de l'Instruction publique pour son Cartulaire général de l'Yonne, et un premier prix pour son Diction naire topographique du même département.

*Traitement* : 3,000 francs, avec logement, et 800 fr. comme Bibliothécaire de la ville; matériel des Archives, 500 francs; achat de chartes, 100 francs.

*Publications* : Dictionnaire diplomatique ; —Inventaire des Archives historiques de l'Yonne ; —Cartulaire général de l'Yonne ; —Mémoires sur l'histoire du diocèse d'Auxerre ; —Notices historiques sur l'annuaire du département.

---

### 2° DÉLIBÉRATIONS DES CONSEILS GÉNÉRAUX RELATIVES (1) AUX ARCHIVES PENDANT LA SESSION DU MOIS D'AOUT 1861. (Budget de 1862.)

AIN.— (Voyez les précédentes délibérations de cette Assemblée, *Manuel*, p. 342, et l'*Annuaire* de 1862, p. 29.)—*Rapport du Préfet*. Des dispositions doivent être prises, en vertu des instructions récentes de l'Administration centrale, pour le transfert et le classement dans les Archives Départementales d'une partie des papiers et documents existant dans les sous-préfectures et dans les greffes des tribunaux. J'ai donc dû songer à rendre à nos belles Archives une dépendance qui en avait été distraite pour le logement d'un concierge. Toute la partie supérieure de l'aile nord aura ainsi une destination unique.

AISNE. — (Voyez les précédentes délibérations de cette Assemblée, *Manuel*, p. 343, et l'*Annuaire* de 1862, p. 29.) — *Rapport du Préfet*. L'inventaire détaillé des Archives de l'évêché de Laon a été rédigé cette année. Les séries A et D des inventaires sommaires ont été complétement terminées ; la série B a été commencée.

(1) Ces délibérations n'étant transmises à Paris que cinq à six mois après la session du mois d'août, il nous est impossible de donner dans l'*Annuaire* les délibérations de la dernière réunion ; notre recueil se trouvera ainsi, sous ce rapport, toujours en retard d'une année.

Les Archives antérieures à 1790 ont été en partie placées dans 500 enveloppes cartonnées (1), ainsi que M. de Stadler, inspecteur général des Archives, en a exprimé le désir dans ses tournées de l'année dernière.

M. Stanislas Prioux, Correspondant du ministère de l'Instruction publique, a enrichi les Archives Départementales de vingt-six rôles de montres et revues des XVIᵉ et XVIIᵉ siècles.

*Rapport de la Commission.* — Le service des Archives continue à marcher d'une manière satisfaisante. Ce sont de beaux travaux, complets, bien exécutés, définitifs; ils font réellement honneur à M. Matton et à son aide, M. Dessein.

ALLIER.—(Voyez les précédentes délibérations, *Annuaire* de 1862, p. 29.) — *Rapport du Préfet.* J'aurais été heureux de pouvoir vous proposer d'élever le traitement de M. Chazaud, ainsi d'ailleurs que l'a demandé S. Exc. M. le Ministre de l'Intérieur; mais l'exiguïté de nos ressources budgétaires ne me l'a pas permis pour cette année.

Les Archives du département sont maintenant classées en entier, sauf la partie des Archives Judiciaires qui vient d'être transportée récemment à la Préfecture, d'après les instructions de S. Exc. M. le Ministre de l'intérieur. Ce fonds nouveau offre surtout de l'importance en ce qu'il contient des titres relatifs à diverses propriétés particulières, qui ont fait l'objet de procès pendant les trois derniers siècles.

ALPES (BASSES-).—(Voyez les précédentes délibérations, *Annuaire* de 1862, p. 31.) — *Rapport du Préfet.* La Sous-Préfecture de Sisteron est la seule où les Archives aient été classées avec beaucoup de soin et conformément aux instructions ministérielles. Celles des arrondissements de Barcelonnette, de Castellane et de Forcalquier sont encore dans une grande confusion. J'ai invité MM. les Sous-Préfets à s'occuper promptement de ce travail.

(1) Ces enveloppes cartonnées, recommandées par MM. les Inspecteurs généraux et dont le modèle est joint à l'*Annuaire* de 1862, pl. I, se trouvent chez M. Paul Dupont, au prix de 42 francs le 100 ou 50 centimes pièce recouvertes en toile, et 25 centimes non recouvertes.

ALPES (HAUTES-).—(Voyez les précédentes délibérations du Conseil général, *Manuel*, p. 348, et *Annuaire* de 1862, p. 31.) — *Rapport du Préfet.* Dans le courant de l'année, le dépôt s'est enrichi d'un assez grand nombre de pièces d'un véritable intérêt historique. Je signalerai, entre autres, la charte communale de Guillaume Peyrouse, et un *vidimus* de la charte communale d'Asprès-lès-Veynes (1302) ; un livre terrier de la commune d'Ancelle, et cinquante chartes concernant Tallard et Savinies, provenant de la collection de M. Amat, qui en a fait présent au département.

Le greffe du tribunal de Gap renferme un nombre considérable de documents anciens, dont la réintégration sera demandée à M. le Garde des Sceaux. L'Administration des domaines a également remis quelques documents antérieurs à 1790.

ALPES-MARITIMES. — (Voyez les précédentes délibérations, *Annuaire* de 1862, p. 32.) — *Rapport de la Commission.* M. le Préfet est prié d'insister pour que la préfecture du Var rende aux Archives des Alpes-Maritimes tous les documents qui ont été extraits des Archives des villes de l'arrondissement de Grasse, surtout de celles du chef-lieu et de Vence ; de réclamer les Archives des services, et les pièces et projets qui se trouvent dans les bureaux de divers fonctionnaires du Var, et qui intéressent les Alpes-Maritimes. On signale surtout des projets d'irrigation, qui ont une grande importance et peuvent être de beaucoup d'utilité.

Grâce au zèle éclairé de MM. les Archivistes, le travail du classement définitif sera terminé dans le plus bref délai possible.

ARDÈCHE. — (Voyez les précédentes délibérations, *Annuaire* de 1862, p. 32.) — *Rapport du Préfet.* La situation du service des Archives est très-satisfaisante. J'appelle votre attention sur la possibilité d'une construction destinée à compléter ce service. — Les tables alphabétiques de l'inventaire sont terminées.

*Rapport de la Commission.* Elle alloue, malgré la pénurie de ses finances, une somme de 200 fr. pour l'impression des inventaires sommaires, et 300 fr. pour les frais de reliure des livres de la bibliothèque administrative.

ARDENNES. — (Voyez les précédentes délibérations, *Annuaire* de 1862, p. 33.) — *Rapport de la Commission*. M. le Rapporteur de la section expose que le classement des Archives Départementales se poursuit avec ordre et méthode, de manière à faciliter les recherches. Il fait remarquer que les locaux affectés à ce dépôt sont insuffisants et qu'il devient nécessaire de les agrandir. M. le Rapporteur signale cet état de choses à l'attention de M. le Préfet, afin qu'il soit pris les mesures nécessaires pour y remédier.

ARIÈGE. — (Voyez les précédentes délibérations, *Annuaire* de 1862, p. 34.) — *Rapport de la Commission*. La visite de ce dépôt a donné lieu d'en signaler la bonne tenue et d'exprimer à l'Archiviste un témoignage de satisfaction. La Commission propose d'ailleurs l'adoption des crédits demandés par M. le Préfet.

Un membre désirerait qu'il fût possible, au moins dans l'avenir, d'élever le traitement de l'adjoint à l'Archiviste; il appelle la bienveillance du Conseil sur la position de cet employé digne d'intérêt.

AUBE. — (Voyez les précédentes délibérations du Conseil, *Manuel* p. 338, et *Annuaire* de 1862, p. 35.) — *Rapport du Préfet*. Conformément au désir exprimé par S. Exc. M. le Ministre de l'Intérieur le Conseil général a augmenté le traitement de l'Archiviste. — S. Exc. M. le Ministre de la Justice a fait verser aux Archives Départementales environ 1000 registres et 450 liasses provenant du greffe de Troyes, et S. Exc. M. le Ministre des finances, des papiers concernant le domaine royal avant 1790. Le classement des Archives modernes de la Préfecture se continue activement; 745 liasses et 128 registres ont été inventoriés.

AUDE. — (Voyez les précédentes délibérations du Conseil, *Annuaire* de 1862, p. 35.) — *Rapport du Préfet*. Toutes les Archives du Narbonnais ont été réintégrées au dépôt départemental; les documents proviennent de la viguerie et vicomté de Narbonne, de la cour royale de Coursan, du bailliage de Cuxac, de la temporalité de l'évêque de Norbonne, des chapitres de Saint-Just et de Saint-Paul, de l'abbaye de Fontfroide, des justices d'Armissan, Villefalse et Mont-

pezat, du greffe des arpenteurs du diocèse, de la seigneurie de Mont-
brun, etc.

M. l'abbé Bartoul a donné plusieurs documents du xiiiᵉ siècle relatifs à l'abbaye de Villelongue et la famille du baron Trouvé d'autres
pièces concernant le monastère de Lagrasse et la châtellenie de
Cabardès.

Les collections ont donc été accrues dans de grandes proportions
et le local est devenu insuffisant. J'ai fait étudier un projet de bâtiment
spécial, qui a obtenu l'approbation de S. Exc. M. le Ministre de l'Intérieur.

La situation des Archives du département est de tous points satisfaisante ; elle témoigne de l'aptitude et de la constance des soins de
M. l'Archiviste.

AVEYRON. — (Voyez les précédentes délibérations du Conseil, *Manuel*, p. 343, et l'*Annuaire* de 1862, p. 37.) — *Rapport du Préfet*.
Le local destiné à recevoir les Archives étant devenu complétement
insuffisant, j'ai dû songer à l'agrandir par l'appropriation de l'étage
sous les combles du bâtiment des bureaux. La dépense ne s'élèvera
pas à moins de 4,000 fr., et je la comprends pour ce chiffre au projet
du budget.

*Rapport de la Commission*. Votre Commission a visité ce matin
les Archives de la préfecture et de l'évêché ; elle a vu avec une bien
vive satisfaction toutes les améliorations qui se sont produites depuis
l'année dernière ; aujourd'hui tous les titres qu'elles renferment, dont
plusieurs sont très-précieux et dont certains remontent au neuvième
siècle, sont classés ; ils sont presque tous renfermés dans des cartons étiquetés, au moyen desquels celui qui visite les Archives peut
se rendre facilement compte de ce qu'ils contiennent. Ce travail
auquel l'Archiviste M. Desjardin s'est livré a dû être bien long et
bien difficile ; il a fallu tout son dévouement pour le terminer dans
un si court espace de temps ; votre Commission vous propose de lui
voter des remercîments pour le zèle qu'il a déployé.

BOUCHES-DU-RHONE.—(Voyez les précédentes délibérations, *Annuaire* de 1862, p. 37.) — *Rapport du Préfet*. Toutes les chartes
de la Major, de Saint-Sauveur, des grands Augustins, des Augustins
réformés, des Minimes, des Dominicains de Marseille ont été classées

L'inventaire de la série B (Cour des Comptes) a été remanié et complété, et celui de la Cour du Trésor en grande partie achevé.

CALVADOS. — (Voyez les précédentes délibérations, *Annuaire* p. 38.) — *Rapport du Préfet.* Il est impossible de méconnaître que, depuis quelques années, sous l'impulsion d'une administration désireuse de tirer le meilleur parti d'un vaste local pour le classemen méthodique et la conservation de nos Archives, si riches de documents de toute nature, M. l'Archiviste du département a fait succéder l'ordre le plus rationnel au chaos dans lequel, faute d'emplacement et de ressources suffisantes, étaient restés si longtemps tant de matériaux échappés à la destruction, mais momentanément perdus pour l'histoire, l'administration, la statistique, la propriété publique et la propriété privée.

*Rapport de la Commission.* Considérant que les travaux exécutés depuis plusieurs années aux Archives du département ont eu pour résultat de rendre, pour ainsi dire, la parole à ces témoins du passé, si utiles à son exploration, et l'existence à une foule de titres, de documents, de matériaux importants jusque-là perdus dans le chaos;

Considérant que constater ces faits était en même temps reconnaître que la conservation, l'entretien et le service de ces Archives, d'autant plus précieuses qu'elles sont mieux organisées, d'autant plus interrogées qu'elles peuvent mieux répondre, exigent une plus grande sollicitude, des soins plus attentifs, beaucoup plus de travail, et qu'il est juste de rémunérer convenablement M. l'Archiviste : le Conseil accorde l'augmentation de traitement demandée par M. le Préfet.

CANTAL. — (Voyez les précédentes délibérations, *Annuaire* de 1862, p. 46.) — *Rapport du Préfet.* Les travaux projetés pour l'agrandissement du dépôt des Archives sont terminés, et le décès de M. Aymar, ancien Archiviste, auquel son âge et sa mauvaise santé ne permettaient pas de demander un concours très actif, m'a fourni l'occasion de placer à la tête du service un homme aussi distingué par ses connaissances spéciales que par son zèle et son activité.

CHARENTE. — (Voyez les précédentes délibérations, *Annuaire*, p. 40.)

— *Rapport du Préfet.* M. de Reucogne, dont vous aviez pu précédemment apprécier les habitudes laborieuses et le zèle intelligent, a su se montrer digne de la mission nouvelle qui lui était confiée.

*Rapport de la Commission.* La Commission s'empresse, dès le premier instant, d'exprimer la satisfaction qu'inspire l'état matériel des Archives, réunies dans le local dépendant de la Préfecture et confiées à la direction laborieuse de l'un de nos compatriotes, qui tient à honneur de faire preuve de connaissances acquises et d'un véritable patriotisme dans l'accomplissement de ses devoirs.

Après avoir porté particulièrement son attention sur les diverses parties du dépôt et du service, la Commission doit rendre compte de son examen relatif aux propositions qui répondent aux intentions de M. le Préfet et dont plusieurs articles de dépenses portées au budget assurent l'exécution.

Le Conseil a souvenir des mesures prises pour le transport des minutes des notaires et pour leur classement dans l'hôtel des Archives. Le transport effectué depuis plus de deux ans a permis de commencer le classement, qui est en cours d'exécution. Déjà même la majeure partie des minutes se trouve disposée dans un ordre méthodique qui donne la faculté de faire utilement les recherches provoquées par les parties intéressées, et plusieurs familles du pays, obtenant satisfaction sur leurs demandes, ont pu apprécier toute l'importance qui se rattache à des titres qui, en raison de l'ancienneté même de leur date, présentent de précieux renseignements.

Le Conseil n'ignore pas qu'il existe dans les bâtiments occupés par les tribunaux d'Angoulême un immense dépôt provenant des greffes de bon nombre de juridictions que le pays possédait avant l'année 1790 et qu'il s'agit, en exécution d'ordres formels plus d'une fois réitérés, d'opérer le transport, dans une partie du local des Archives, des masses de documents dont se compose ce dépôt et qui sont à classer par M. l'Archiviste.

L'étage supérieur de l'hôtel est destiné à recevoir ce complément des Archives. Il s'étend sur tout l'intérieur du bâtiment, mais cet étage est en ce moment à l'état de grenier délabré. La tuile posée sur de simples lattes forme l'unique couverture de ce local, exposé à toutes les intempéries des saisons.

Un devis a été dressé, par les ordres de M. le Préfet, pour établir un plafond qui préservera cet étage des inconvénients ci-dessus signalés : la distribution des étagères, suivant un plan indiqué, donnera facilité de placer les papiers qui formeront un vaste dépôt judiciaire.

L'utile emploi des fonds portés au budget pour les travaux dont l'urgence est reconnue déterminera sans doute le Conseil à allouer la somme qui a cette destination.

CHARENTE-INFÉRIEURE. — (Voyez les précédentes délibérations, *Annuaire*, p. 42.) — *Rapport de la Commission*. Quant à la somme de 800 francs, demandée pour donner un aide à l'Archiviste, elle ne partage pas l'opinion de M. le Préfet ; elle craindrait, se lançant dans cette voie, d'être entraînée, plus tard, en faveur de cet aide Archiviste, à des augmentations de traitement basées sur le renchérissement des denrées et, par là, à grever le budget déjà bien surchargé. Votre Commission pense donc que l'Archiviste pourra suffire seul au dépouillement et au classement journalier des Archives.

CHER.— ( Voyez les précédentes délibérations, *Annuaire* de 1862, p. 42.) — *Rapport du Préfet*. Une dépêche de M. le Ministre, en date du 8 juillet dernier, qui sera mise sous vos yeux, m'invite à vous soumettre un projet d'agrandissement des Archives, qui prennent chaque jour un plus grand développement et rendent les locaux insuffisants.

Je n'ai pas cru devoir attendre votre réunion pour répondre à M. le Ministre de l'Intérieur, et lui faire connaître la véritable situation, qui me semblait avoir été exagérée auprès de Son Excellence. Dès le 10 juillet, je disais au Ministre que, sans nier d'une façon absolue que l'installation des Archives du Cher devait être complétée de manière à leur ménager de nouvelles salles, rien n'exigeait impérieusement une modification immédiate des lieux, dont le plus grand défaut est de ne pas être de plain-pied. Mais cette disposition ne saurait être modifiée sans une construction nouvelle, qui entraînerait à de grandes dépenses.

*Rapport de la Commission*. Nous avons applaudi à la pensée de M. l'Archiviste, qui, par un véritable sentiment de l'art, a exposé aux yeux des visiteurs divers fragments d'un ancien missel; 800 liasses avaient été coordonnées l'année dernière; pendant celle-ci 1,600 nouvelles ont été mises en ordre; il est permis, dès aujourd'hui, de prévoir le délai dans lequel l'ordre sera entièrement rétabli.

CORRÈZE. — ( Voyez les précédentes délibérations, *Annuaire*, p. 43.) — *Rapport du Préfet.* M. l'Archiviste a appelé mon attention sur la nécessité de choisir pour les Archives Départementales un local qui puisse suffire à toutes les exigences du service; la reconstruction des bureaux de la Préfecture permettra de faire droit à ses réclamations, qui me paraissent fondées.

L'Archiviste termine, en ce moment, une Table analytique des actes de notaires du XVe siècle, qui se trouvent dans le dépôt; elle comprend les noms de lieux, les noms de personnes, les généalogies et le glossaire des mots qui ne sont pas dans les dictionnaires ou lexiques de la basse latinité, etc. Elle formera un volume in-folio, comme les Tables de la période révolutionnaire, des arrêtés des Préfets et du Bulletin administratif qui ont été terminées les années précédentes. Cette collection, qui sera continuée pour les siècles suivants, sera de la plus grande utilité pour toute espèce de recherches.

CORSE. — ( Voyez les précédentes délibérations, *Manuel*, p. 343 et 344, et *Annuaire*, p. 44.) — *Rapport du Préfet.* Pendant l'année qui vient de s'écouler, M. l'Archiviste de ce département a été occupé à mettre à jour la série M, à préparer la série O, à refaire l'inventaire de la série C, à trier les papiers à vendre, à préparer pour l'impression l'inventaire de la Série A.

COTE-D'OR. — ( Voyez les précédentes délibérations, *Annuaire*, p. 44.) — *Rapport de la Commission.* Le rapport annuel qui vous est présenté sur la situation des Archives du département constate de plus en plus la bonne tenue de cet important dépôt, et M. le Préfet se plaît à vous faire remarquer que l'inventaire sommaire est redigé avec un tel soin, qu'il a été l'objet des félicitations de M. le Ministre de l'Intérieur.

CÔTES-DU-NORD. — (Voyez les précédentes délibérations, *Manuel*, p. 337, et *Annuaire*, p. 44.) — Extrait du *Rapport du Préfet*. Classement des Archives ; résultats obtenus dans chaque série :

| | |
|---|---:|
| La série C a fourni (pièces classées et analysées sur des bulletins) | 9,698 |
| La série E (seigneurie de Matignon, pièces classées et analysées sur des bulletins) | 31,191 |
| La série H (abbaye de Saint-Aubin-des-Bois, pièces classées et analysées sur des bulletins) | 5,553 |
| TOTAL | 46,442 |

CREUSE. — (Voyez les précédentes délibérations, *Annuaire*, p. 46.) —*Rapport du Préfet*. Votre Commission chargée de la visite des Archives constatera sans doute avec satisfaction que les travaux nécessaires pour l'appropriation complète de l'ancien local, et dont vous aviez voté à diverses sessions les dépenses, sont sur le point d'être terminés. Ces réparations permettront d'établir dans la grande salle des Archives le classement qui existe déjà dans la salle annexée, et dont vous avez reconnu la régularité et la commodité. Mais le désordre temporaire qu'entraîne toujours le déplacement d'une masse considérable de papiers comme celle qu'il a fallu entasser sur le parquet pour rendre possible l'exécution des travaux, exigera un remaniement complet de toutes les liasses et imposera à M. l'Archiviste un nouveau surcroît de travail.

DORDOGNE. — (Voyez les précédentes délibérations, *Annuaire*, p. 47.) —*Rapport de l'Archiviste*. Une circulaire de S. Exc. M. le Ministre de l'Intérieur, en date du 28 février dernier, signale l'existence, dans les greffes des Cours Impériales et des Tribunaux de première instance, de titres antérieurs à 1790 ayant un caractère essentiellement administratif, et qui peuvent être réintégrés aux Archives des Préfectures. Elle porte en même temps que S. Exc. M. le Ministre de la Justice, ayant été consulté à cet effet dans plusieurs circonstances, a déclaré qu'il ne s'opposait pas à ce que la réintégration de ces documents s'effectuât dans une certaine mesure.

Pour me conformer à l'arrêté du 5 mars suivant, par lequel, en vertu de cette circulaire, vous me déléguez afin de procéder, d'un commun accord avec les greffiers des Tribunaux civils du département, à l'examen des dossiers, je me suis transporté au greffe du Tribunal de Périgueux avec mon collaborateur, M. Yvan de Valbrune, et j'ai commencé le travail.

Tout en mauvais état qu'ils sont et quelque fatigant que soit le triage de ces papiers, tantôt en lambeaux, tantôt réduits à l'état de masse compacte, comme du carton-pierre, nous n'en avons pas moins poursuivi la besogne pendant quelque temps avec une certaine activité, et nous avons pu reconnaître qu'il n'est pas impossible d'en retirer encore quelques documents précieux pour l'histoire de l'ancienne province.

Nous y avons, entre autres choses, retrouvé une forte liasse de procurations données par une foule de membres de la noblesse de Périgord, afin de se faire représenter à la réunion de cette noblesse, dans le but de nommer des députés aux États-Généraux.

De mon côté, j'ai collationné et disposé chronologiquement 65 registres d'arpentements, ou, pour parler plus exactement, les arpentements de 113 communes, qui formeront un ensemble de 85 numéros de la série C.

DOUBS.—(Voyez les précédentes délibérations, *Annuaire*, p. 48.)— *Rapport du Préfet*. Les Archives du département se sont enrichies cette année de plusieurs fonds d'une certaine valeur historique. Je place en première ligne les papiers provenant des Bernardins établis à Bouillon en 1130; quelques titres malheureusement bien incomplets sur l'ancienne abbaye de Migette; les titres de fondation et autres des Dominicains établis à Quingey en 1708; enfin, les papiers provenant de la confrérie de la Croix et de la Familiarité, qui existaient anciennement dans l'église de Quingey. Tous ces documents ont été extraits des Archives de la ville de Quingey et transmis par M. le Maire au dépôt du département.

M. Paul de Jallerange a fait don au département d'un certain nombre de titres trouvés dans les Archives de sa famille, qui intéressent quelques communes du département.

DRÔME.—(Voyez les précédentes délibérations, *Annuaire*, p. 48.)—

*Rapport de l'Archiviste.* Outre les papiers modernes qui embarrassaient la salle des Archives, il y avait plusieurs caisses pleines de documents anciens venus des communes de l'arrondissement de Nyons, Bénivai et Beauvoisin, Le Buis, Étoile, Eygalayes, Izon, Laborel, Lachau, Nyons, La Penne, Les Pilles, Bonnaux et Saint-Auban. J'ai dépouillé ces titres et les ai classés sommairement, de manière à faciliter les recherches ultérieures et le classement définitif.

Avec ces titres et d'autres, qui n'étaient pas classés encore, 980 dossiers ont été formés; dans le nombre, figurent les parchemins apportés de Romans, où l'humidité les dévorait; les documents envoyés de Gap, d'Étoile, de Saint-Paul-Trois-Châteaux et d'Alixan.

Quelques titres de famille se trouvaient aussi dans les papiers à classer : ils concernent les Gilly, de Nyons ; les Duclaux, de Montélimar ; les Marville, de Valence; les d'Alberny, de Marquet et Planta.

EURE.—(Voyez les précédentes délibérations, *Manuel*, p. 337 à 339, et *Annuaire*, p. 50.) — *Rapport de la Commission.* La Commission des Archives a procédé à la visite des Archives, qu'elle a continué à trouver dans l'état le plus satisfaisant. Elle a examiné l'état, et autorise la vente des pièces dont la suppression est ordonnée par la circulaire de M. le Ministre de l'intérieur en date du 24 juin 1844.

EURE-ET-LOIR.—(Voyez les précédentes délibérations, *Annuaire*, p. 50.) — *Rapport du Préfet.* Le 16 février 1861, S. Exc. le Ministre de l'Intérieur, après s'être concerté avec son collègue des Finances, a prescrit la réintégration dans les Archives Départementales de tous les titres antérieurs à 1790 remis à diverses époques aux agents des domaines; le 23 mai, Son Excellence a ordonné de réunir au dépôt de la Préfecture toutes les pièces antérieures à 1830 conservées aux Archives des Sous-Préfectures, où le manque d'espace et surtout de temps avait jusqu'à ce jour empêché de les classer; enfin, le 1er juin, de concert avec M. le Garde des Sceaux, M. le Ministre de l'Intérieur a prescrit de faire rentrer dans les Archives des Préfectures tous les documents antérieurs à 1790 existant aux greffes des Tribunaux et qui auraient un caractère essentiellement administratif.

J'ai transmis à M. l'Archiviste l'ordre de veiller à l'exécution de ces diverses circulaires, et, en conséquence, il s'est transporté à la Direction des domaines, où, contradictoirement avec M. le Directeur, il a examiné les divers dossiers. Ce que prescrivait Son Excellence avait déjà été accompli antérieurement dans le département; aussi ne s'est-il rencontré aucun titre de nature à être réintégré aux Archives.

M. Merlet a trouvé à Chartres et dans les chefs-lieux d'arrondissement un certain nombre de pièces intéressant spécialement les villes ou établissements religieux, pièces dont il a dressé un état transmis par moi à Son Excellence, en lui demandant d'autoriser la remise de ces titres aux Archives d'Eure-et-Loir ; parmi ces documents, je vous citerai notamment les actes d'assemblée et les procès-verbaux d'élection de Maires et Échevins de la ville de Dreux durant le cours du XVIIIᵉ siècle. Il a également visité les Archives des Sous-Préfectures, et, de concert avec MM. les Sous-Préfets, a fait le tri de tous les papiers susceptibles d'être transportés au chef-lieu......

Le dépôt d'Eure-et-Loir s'est enrichi de nombreuses pièces émanées des administrations publiques. Une autre circonstance est venue le doter de documents encore plus précieux. Mᵐᵉ veuve Roux a bien voulu autoriser M. Merlet à choisir, dans la bibliothèque de son mari, tous les titres manuscrits qu'il croirait de nature à intéresser le département. C'est ainsi que les Archives sont déjà devenues propriétaires de pièces nombreuses, concernant principalement le chapitre de Chartres. Je mentionnerai, entre autres, une forte liasse de notes autographes du savant chancelier Billon, où sont consignés une foule de renseignements ignorés sur l'administration de l'ancien chapitre ; deux à trois cents chartes, depuis le IXᵉ jusqu'au XIVᵉ siècle, en copie seulement, il est vrai, mais entre lesquelles un certain nombre manquent en original aux Archives et ne sont même pas reproduites dans les Cartulaires des chapitres conservés à la Bibliothèque Impériale de Paris. L'inventaire, d'ailleurs, de la Bibliothèque de M. Roux, est loin d'être terminé, et je ne doute pas qu'en poursuivant ce travail, on ne rencontre encore un bien grand nombre de pièces curieuses que Mᵐᵉ Roux, je l'espère, voudra bien continuer à mettre à la disposition du département. Je me suis empressé d'écrire à cette dame pour la remercier de sa libéralité; je ne doute pas que vous ne vous associez à mes remerciements.

FINISTÈRE.— (Voyez les précédentes délibérations, *Annuaire*, p. 53.) — *Rapport du Préfet.* M. l'Archiviste a dépouillé et mis en ordre 830 registre ou cahiers appartenant au greffe de Quimper. Il s'occupera successivement du dépouillement des titres des autres greffes du département.

*Rapport de la Commission.* M. le Rapporteur de la Commission des affaires diverses rend témoignage de l'ordre parfait et de la bonne tenue qui se font remarquer, par continuation, dans toutes les parties de ce service.

GARD. — *Rapport du Préfet.* Suivant les prescriptions d'une dépêche du 3 mai 1861, les mesures nécessaires ont été prises pour que les anciennes Archives des Sous-Préfectures fussent transportées au chef-lieu du département. Cette mesure est déjà exécutée pour les arrondissements d'Uzès et du Vigan. Des circonstances particulières en ont temporairement retardé l'exécution pour l'arrondissement d'Alais. De nouveaux aménagements vont être incessamment effectués dans cette Sous-Préfecture, et il a paru nécessaire de surseoir jusqu'à ce moment à la translation projetée.

*Rapport de la Commission.* Le Conseil a vu avec satisfaction dans la dépêche ministérielle du 10 août 1861, relative à cette affaire, les éloges donnés à l'Archiviste du département pour son zèle et son activité, et pour la bonne tenue des Archives dont il a la garde. Il s'associe à l'expression de ce sentiment de satisfaction.

HAUTE-GARONNE.— (Voyez les précédentes délibérations, *Annuaire*, p. 53.) — *Rapport de l'Archiviste.* Des travaux nombreux ont été accomplis dans les trois sections des Archives Départementales, savoir : révision de la série Q, Domaines nationaux; examen d'une réclamation de documents pour le département de Tarn-et-Garonne; des greffes et des Archives de l'Hôtel des Monnaies, etc.

GERS.— (Voyez les précédentes délibérations *Annuaire*, p. 54.)—

*Rapport du Préfet.* J'ai la confiance, Messieurs, qu'appréciant comme M. le Ministre de l'Intérieur, l'intérêt que les communes ont à la conservation de leurs Archives, vous n'hésiterez pas à mettre à ma disposition un crédit qui me permettra d'assurer le classement de ces dépôts, et d'en faire établir des inventaires complets et réguliers. J'ai pensé qu'une allocation annuelle de 300 fr. suffirait pour cet objet ; j'ai inscrit, en conséquence, cette somme au budget de 1862. Je vous prie de l'y maintenir.

Si, comme je l'espère, vous voulez bien accueillir ma proposition, j'attribuerai à M. l'Archiviste des frais de tournée calculés à raison de dix francs par jour. Cet employé pourra ainsi se rendre, chaque année, dans plus de vingt communes et y assurer la stricte exécution des prescriptions ministérielles.

GIRONDE. — ( Voyez les précédentes délibérations, *Annuaire*, p. 55.)—*Rapport du Préfet.* Les travaux d'inventaires accomplis sur diverses séries successivement par l'Archiviste réduit à ses propres forces présentent d'abord : 1° la confection de l'inventaire sommaire de la série A, comprenant l'analyse de 1,941 pièces émanant du pouvoir souverain ; 2° celle des 180 premiers registres ou volumes in-folio, la plupart en parchemin, compris dans la série B, contenant l'analyse des principaux arrêts et ordonnances de l'ancien Parlement de Bordeaux, à partir de l'année 1463 jusqu'à l'année 1558 ; 3° l'inventaire sommaire de la série C, se composant de l'analyse des principaux documents renfermés dans les 1,450 liasses et 230 registres ou volumes manuscrits émanant de l'ancienne intendance de Bordeaux et de l'ancien Bureau des finances de Guienne; 4° l'inventaire de la série E, se composant de tous les actes notariés dépendant de l'ancienne garde-notes de Bordeaux, qui comprennent les exercices de notaires contenus dans 7,296 registres et grosses liasses reliées ; 5° enfin l'inventaire sommaire de 10,436 actes ou plutôt procès-verbaux de ventes et adjudications des domaines nationaux, dépendant de la série Q.

HÉRAULT.— (Voyez les précédentes délibérations, *Annuaire*, p. 56.) — *Rapport du Préfet.* Le classement des nouveaux fonds et l'inventaire se poursuivent avec activité. Déjà si considérable, ce dépôt s'est accru, depuis l'année dernière, de plusieurs collections ; d'autres séries sont à la veille de venir prendre place dans les Archives départementales. Ainsi, par suite de différentes délégations confiées à M. l'Archiviste départemental, les collections que nous possédons déjà vont s'accroître, dans les archives antérieures à 1790, de nombreux documents provenant de l'ancienne Cour des Comptes, Aides et Finances de Montpellier, de l'évêché d'Agde, de l'évêché et des corporations religieuses de Lodève, de l'abbaye de Ganges, etc.; dans les Archives modernes, des Archives des Sous-Préfectures, jusqu'en 1830 inclusivement, d'où il résulte que MM. les Sous-Préfets, à qui le défaut d'espace ne permettait pas de faire donner au classement de leurs Archives tous les soins que ce service réclame, pourront exercer une surveillance plus complète sur la partie restreinte des documents qui leur sont laissés.

Ille-et-Vilaine.—(Voyez les précédentes délibérations, *Annuaire*, p. 56.) — *Rapport du Préfet*. La rédaction de l'inventaire sommaire des Archives antérieures à 1790 vient d'être reprise. La suspension très-regrettable de ce travail, occasionnée d'abord par le classement des papiers modernes, n'aurait pas été d'aussi longue durée, si M. Perrignon, employé des Archives, n'avait, pour cause d'infirmités, abandonné son service.

Dans l'appréciation des travaux exécutés cette année par M. l'Archiviste, le Conseil général voudra bien lui tenir compte de la rédaction des inventaires des anciens titres de la mairie de Montfort et de l'hospice de Redon, tous deux approuvés par le ministère.

Indre.—(Voyez les précédentes délibérations, *Annuaire*, p. 57.)— *Rapport de l'Archiviste*. Mon rapport de l'année dernière constatait que 120 articles (liasses et registres) de la série E (titres de famille) se trouvaient inventoriés à la date du 31 décembre 1860. 300 autres articles de la même série ont été analysés dans le courant de cette année. Le dépouillement des titres de famille se trouve ainsi terminé, et je vais pouvoir passer, dans un bref délai, aux Archives ecclésiastiques.

En même temps que je terminais l'inventaire sommaire des titres de famille, je revenais sur celui du duché de Châteauroux (série A), et j'en préparais, conformément aux instructions ministérielles, une copie destinée à l'impression. L'inventaire sommaire des titres du duché avait été dressé par M. Bein, mon prédécesseur, et j'ai cru devoir le remanier dans le but de l'harmoniser avec les parties subséquentes de l'inventaire des Archives civiles que j'ai rédigé moi-même. Ce remaniement a équivalu pour moi à un travail nouveau. C'est donc 60 articles qui, ajoutés aux 300 de la série E, représentent l'ensemble de mes travaux dans l'exercice 1861.

INDRE-ET-LOIRE.—(Voyez les précédentes délibérations, *Annuaire*, p. 57.) — *Rapport du Préfet*. Pendant l'année qui vient de s'écouler depuis la dernière session du Conseil général, les travaux de l'inventaire prescrit par la circulaire ministérielle du 20 janvier 1854 ont été poursuivis avec activité. Ils ont porté sur les pièces des anciennes cures et fabriques de la province de Touraine, et réunies aux Archives départementales à l'époque de la révolution.

Ces pièces, dont le nombre s'élève à plusieurs milliers, divisés en plus de 250 fonds divers, avaient été l'objet d'un classement plus apparent que réel; les papiers de plusieurs cures avaient été confondus ensemble, et il s'y trouvait mêlé nombre de documents appartenant aux Collégiales inventoriées l'année dernière. L'Archiviste dut, tout d'abord, se livrer à un triage sévère et attentif, et ce premier travail amena le remaniement de quelques parties de l'inventaire des Collégiales, lequel, fort heureusement, n'avait point encore été transmis à M. le Ministre de l'Intérieur.

ISÈRE.—(Voyez les précédentes délibérations, *Annuaire*, p. 59.)— *Rapport du Préfet*. Outre le travail ordinaire et habituel des Archives départementales, l'Archiviste a, cette année, continué le dépouillement et le classement du fonds B. 1, Parlement de Grenoble, commencé l'année précédente.

L'inventaire sommaire pour ce fonds, riche et curieux par le nombre et la nature des pièces qu'il renferme, et rédigé suivant les instructions ministérielles, embrasse déjà tout le XVIe et les premières années du XVIIe siècle; il comprend aujourd'hui plus de 300 articles. Des tables de noms de lieux et de noms de personnes sont jointes à ce travail.

JURA.—(Voyez les précédentes délibérations, *Annuaire*, p. 60.)— *Rapport du Préfet.* Le Conseil général ne s'est pas occupé des demandes de M. l'Archiviste ayant pour objet l'allocation de quelques faibles crédits destinés à pourvoir aux frais de réunion aux Archives départementale de divers documents antérieurs à 1790 déposés aux greffes des tribunaux. Je ne puis attribuer cette lacune qu'à la remise tardive du rapport de M. l'Archiviste, que je n'ai reçu, malgré mes demandes réitérées, qu'à l'ouverture de la session de cette assemblée, ce qui ne m'a pas permis de comprendre lesdites demandes dans mes propositions du budget de 1862.

LANDES.—(Voyez les précédentes délibérations, *Annuaire*, p. 61.)— *Rapport du Préfet.* Depuis le mois d'août dernier, les Archives se sont enrichies des pièces importantes retirées de la Direction de l'enregistrement et des domaines. J'ai rendu compte à Son Excellence de cette réintégration dans ma dépêche du 20 décembre dernier. J'ai également signalé, les 27 novembre et 16 décembre 1861, le nombre considérable de liasses déposées dans la sacristie de l'église de Mimizan, et dont la majeure partie paraît de nature à pouvoir être réintégrée aux Archives de la Préfecture; mais j'attends pour agir la décision de Son Excellence. Quant aux Archives de la sénéchaussée de Tartas, elles me paraissent appartenir en droit au département, et leur réintégration comblerait une lacune regrettable. D'autres dépôts communaux pourraient encore nous apporter un utile contingent.

*Rapport de la Commission.* La Commission a félicité M. l'Archiviste d'avoir retrouvé un très-grand nombre de pièces, dont quelques-unes sont fort importantes au point de vue de l'histoire du pays; mais elle a vu par ailleurs avec peine qu'une lacune considérable existait dans la collection du *Moniteur*, et elle exprime le vœu que cette lacune soit comblée; cependant, en présence des charges considérables qui pèsent sur le département, la commission s'abstient de faire cette année aucune proposition sur cet objet.

LOIR-ET-CHER.— (Voyez les précédentes délibérations, *Annuaire*, p. 61.)—*Rapport du Préfet.* En mettant les rapports de M. l'Archiviste sous les yeux du Conseil général, j'ai appelé son attention, ainsi que me le recommandait la circulaire du 12 août dernier, sur l'opportunité qu'il y aurait à livrer, dès à présent, à la publicité, la portion des inventaires sommaires des Archives civiles du département, et lui ai demandé de m'allouer les fonds nécessaires à la publication de cet important travail. Mais le Conseil, se fondant sur la progression toujours croissante des dépenses du service des Archives, a cru devoir, dans sa délibération du 31 août, relative à la fixation du budget départemental de 1862, refuser son approbation à la proposition que je lui ai adressée.

LOIRE. — (Voyez les précédentes délibérations, *Annuaire*, p. 61.) —*Rapport du Préfet*. Une circulaire de S. Ex. M. le Ministre de l'Intérieur, du 12 août, vient d'inviter tous les Préfets de l'Empire à proposer aux Conseils généraux de voter les fonds nécessaires pour publier l'inventaire sommaire des Archives départementales antérieures à 1790.

Cette mesure, digne complément de la remarquable circulaire du 20 janvier 1854, qui prescrit un mode uniforme d'inventaire pour toutes les Archives de l'ancienne France, va mettre aux mains des érudits et des historiens un puissant instrument de travail, et méritera à l'homme d'État qui a su le concevoir et l'exécuter l'éternelle reconnaissance du monde savant.

Vous tiendrez à honneur, Messieurs, de vous associer à cette généreuse entreprise, qui dotera la France d'un monument national, intéressant à la fois l'administration, l'histoire générale du pays, celle des communes et des familles. Je vous propose en conséquence de vouloir bien voter la publication de l'inventaire sommaire des Archives de ce département antérieures à 1790, et porter au budget de cette année la somme de trois cents francs pour l'impression des premières feuilles.

*Rapport de la Commission*. Le Conseil général remercie M. le Préfet de la communication du remarquable rapport de M. l'Archiviste, vote la publication de l'inventaire sommaire des Archives de ce département antérieures à 1790, et émet l'avis que la somme de 350 francs, pour l'impression des premières feuilles, soit portée au budget de 1862.

HAUTE-LOIRE. — (Voyez les précédentes délibérations, *Annuaire*,

p. 61.) — *Rapport de l'Archiviste*. Des neuf séries composant le cadre des Archives antérieures à 1790, les deux premières A et B sont déjà inventoriées et l'envoi en a été fait au Ministère, qui les a complétement approuvées. La série C, qui concerne les administrations provinciales et qui est l'une des plus considérables, a été entreprise ; elle est en voie de continuation, et serait, sans aucun doute, terminée, si le temps dont je pouvais disposer n'avait pas été en très-grande partie absorbé par les soins que j'ai dû consacrer sans interruption à l'organisation des Archives communales et des hospices, que M. le Ministre recommande aussi avec de vives instances.

M. de Brive, membre du Conseil général, a donné aux Archives départementales 170 documents relatifs aux sénéchaux, présidiaux et juges-mages du Velay ; ils seront classés dans la série B (cours et juridictoires). Cette série des Archives départementales se trouve ainsi enrichie des documents d'un haut intérêt pour l'histoire judiciaire du département. Nous devons aussi à M. Hector Falion, frère du généreux fondateur du Musée des dentelles du Puy, un registre important, le catalogue des titres de la maison consulaire de la ville du Puy, qui, à défaut des anciennes Archives de cette ville, incendiée sous le règne de Louis XIV, remplace jusqu'à un certain point les documents perdus par des analyses substantielles de toutes les pièces existantes avant cette époque.

LOIRE-INFÉRIEURE. — (Voyez les précédentes délibérations, *Annuaire*, p. 61). — *Rapport du Préfet*. Le dépouillement des titres relatifs à la partie financière en Bretagne avait été entrepris l'année dernière. Malgré tout son désir de continuer ce travail, M. l'Archiviste a dû souvent l'interrompre, pour s'occuper de la vérification et de la rédaction des inventaires des Archives anciennes des communes, dont l'exécution est formellement prescrite par S. Exc. M. le Ministre de l'Intérieur. Aussi le degré d'avancement auquel sont parvenues ces dernières n'a-t-il eu lieu qu'au détriment des Archives départementales.

Dans la partie nouvellement mise en ordre et qui appartient à la fin du XVIIe siècle et au commencement du XVIIIe, on trouve un assez grand nombre d'aveux rendus au Roi pour justifier du payement du droit de rachat dû par suite de mutations de terres, situées dans sa propre mouvance, sous les différentes juridictions en Bretagne. Ces titres, qui viennent former, pour ainsi dire, une série continue avec les déclarations de la réformation de 1678, peuvent être d'une grande utilité pour les intérêts privés.

Ces différentes pièces, au nombre de 12,250, ont été réunies en 50 liasses.

LOIRET. — (Voyez les précédentes délibérations, *Annuaire*, p. 62.) — *Rapport de l'Archiviste*. La réintégration au complet des papiers, antérieurs à 1789, provenant des anciennes juridictions de l'Orléanais, dont une partie seulement avait été déposée précédemment par M. le greffier en chef de la Cour Impériale d'Orléans, a eu lieu depuis quelque temps.

La 3e galerie des Archives va incessamment recevoir les fonds du présidial de Pithiviers et des justices ressortissantes attendus de jour en jour, ainsi qu'une masse de papiers et parchemins, évalués à 200 liasses, et intéressant le chapitre et les paroisses de Pithiviers. D'autres réintégrations prescrites par S. Exc. M. le Ministre de l'Intérieur doivent avoir lieu très-prochainement.

Un de mes confrères de l'École des Chartes, M. Buchère de Bezalle, archiviste-paléographe, m'a remis, pour être offert au Conseil général du Loiret, deux fragments manuscrits qu'il a découverts à Paris et qu'il a pris la peine de faire relier. Le premier provient d'une copie faite sur parchemin, au milieu du XVe siècle, des statuts de l'Université d'Orléans; une double expédition du deuxième est déjà à la bibliothèque de la ville, où celui-ci pourrait être déposé ; c'est un fragment des comptes de ville de 1449 à 1451 et de 1479 à 1486. J'ai l'honneur de vous proposer, Monsieur le Préfet, d'inviter le Conseil général à voter des remerciements à ce généreux donateur. De nouvelles donations, annoncées déjà par d'autres archéologues, seraient encouragées par cette publicité.

LOT — (Voyez les précédentes délibérations, *Annuaire*, p. 63.) — *Rapport du Préfet*. Les archives de la Préfecture, antérieures à 1790, se composent d'un fonds unique, qui provient de l'Intendance de Montauban. Lors de la division de la France en départements, l'élection de Montauban ayant été érigée en arron.'issement, dépendant de Cahors, les administrateurs du département firent transporter au chef-lieu du ressort les papiers de cette ancienne administration provinciale, lesquels constituent aujourd'hui l'unique fonds des Archives antérieures à 1790. Ces papiers ont été dénombrés, estampillés, inventoriés, et les inventaires approuvés par l'administration supérieure.

Lot-et-Garonne. — (Voyez les précédentes délibérations, *Annuaire*, p. 64.)—*Rapport du Préfet*. La rédaction des inventaires-sommaires pour la partie des Archives départementales antérieure à 1790, utile et beau travail, qui se poursuit en même temps sur tous les points de l'Empire, sous les auspices et la direction de M. le Ministre de l'Intérieur, est à peu près terminée dans notre département. Leur impression se poursuit régulièrement. Les séries A, C, D, E, des Archives civiles, et G, H, des Archives ecclésiastiques, sont déjà livrées à l'imprimerie. A l'inventaire de la série C, qui comprend les administrations provinciales, se trouve jointe l'analyse des titres du fonds de l'intendance de Guyenne, spéciaux à notre département, que j'ai chargé M. l'Archiviste de rechercher aux Archives de la Gironde.

J'y ferai joindre également une copie exacte, prise aux Archives des Basses-Pyrénées, de l'inventaire du *Trésor de Nérac*, dressé par les commissaires de Henri IV, et qui comprend l'analyse des titres du duché d'Albret et de la chambre de l'édit de Nérac transportés à Pau par les ordres du roi béarnais.

J'ai hâte aussi d'y joindre les copies, ou du moins l'analyse des titres que j'ai fait transcrire par M. Croset aux Archives de l'Empire.

Lozère.— (Voyez les précédentes délibérations, *Annuaire*, p. 64.) —*Rapport du Préfet*. Un classement général de nos Archives a été effectué, les inventaires-sommaires ont été établis, et le récolement des pièces antérieures à 1790 a déjà reçu l'approbation de M. e Ministre de l'Intérieur. La transcription de documents nombreux et pleins d'intérêt pour l'histoire locale, et la confection de tables pour une longue série de volumineux registres, ont été opérées. S. Exc., en témoignant de sa satisfaction pour les travaux de M. Baldit, me charge de signaler à votre bienveillante attention la situation de l'homme laborieux préposé à la garde de nos Archives.

MAINE-ET-LOIRE. — (Voyez les précédentes délibérations, *Annuaire*, p. 64.)—*Rapport de la Commission.* Un membre de la Commission du Conseil général fait connaître à cette assemblée les détails intéressants contenus au rapport de M. l'Archiviste ; l'augmentation des Archives modernes rend de plus en plus nécessaire l'agrandissement du local qui leur est resté.

Les Archives anciennes continuent à s'enrichir, et la seule série des titres des seigneuries et des familles angevines compte plus de 100,000 pièces, classées depuis un an. Une collection de plans anciens de la ville d'Angers, depuis le XVIe siècle jusqu'à nos jours, a pu être réunie par les soins de l'Archiviste.

La Commission propose au Conseil de s'associer au juste tribut d'éloges donnés par M. le Préfet à M. l'Archiviste pour l'ordre qui règne dans les Archives et la direction éclairée qu'il y apporte.

MANCHE. — (Voyez les précédentes délibérations, *Annuaire*, p. 64.)—*Rapport de la Commission.* La Commission, se rangeant à l'opinion de M. le Préfet, pense qu'il y a lieu d'accorder l'allocation de 3,000 francs, qui a été demandée pour l'impression de l'inventaire des Archives antérieures à 1790, sinon en totalité dès le moment présent, du moins en plusieurs annuités, et d'accorder, dès à présent, sur le prochain budget, une somme de 800 francs.

Quant à la demande de supplément d'appointements que M. l'Archiviste réclame en faveur de l'employé qu'il a dû se faire adjoindre pour un travail aussi considérable, la Commission, d'accord avec M. le Préfet, pense que son traitement, qui n'est aujourd'hui que de 800 francs, doit être porté à 1,000 francs.

MARNE.—(Voyez les précédentes délibérations, *Annuaire*, p. 65.)— *Rapport du Préfet.* L'administration supérieure s'occupe depuis quelques années, avec une sollicitude toute spéciale, de l'amélioration du service des Archives départementales, communales et hospitalières ; aussi les travaux de l'Archiviste prennent-ils chaque année une plus grande importance, et, après m'être rendu compte de l'impossibilité où il est de répondre seul aux exigences de sa position, j'ai cru devoir vous proposer de remplacer le simple commis, tout en maintenant le second dans la partie matérielle de son service, par un Archiviste adjoint, qui recevrait un traitement de 1,200 francs et qui pourrait être chargé des travaux ordinaires prévus par le règlement général du 6 mars 1843.

Les ordres de Son Excellence, relatifs aux réintégrations des papiers des Sous-Préfectures antérieurs à l'année 1830, ne sont pas, je dois le dire, complétement absolus; ils nous laissent juges de l'opportunité de leur exécution, mais ils n'en accusent pas moins une idée très-arrêtée dans la pensée de l'administration supérieure, et, il faut bien le dire, ils tendent à réaliser, dans le service des Archives départementales, une amélioration dont l'utilité ne saurait être contestée.

En présence de cette nouvelle situation, j'ai dû me demander si le projet de construction d'un nouveau bâtiment que vous avez voté répondrait à toutes les exigences du service, et après un examen attentif de la question, j'ai été amené a reconnaître qu'il y avait lieu de le modifier radicalement. Étudiés en vue des besoins des Archives de la Préfecture, maintenus dans leur état actuel, les plans proposés par l'architecte pouvaient, à la rigueur, répondre à cette destination; mais il est évident que si à nos dépôts actuels viennent s'ajouter ceux des Sous-Préfectures, et la mesure est, je le répète, décidée en principe, l'espace nous manquera, sinon immédiatement, du moins dans un avenir très-prochain, pour classer les nombreux documents, qui, chaque année, s'accumulent entre nos mains. Les travaux que vous feriez en ce moment n'auraient qu'un caractère provisoire ; vous verriez bientôt se produire l'encombrement et le désordre auxquels vous avez voulu remédier, et vous auriez effectué sans utilité une dépense considérable, si, pour éviter les morcellements du service, vous étiez obligés plus tard d'élever de nouvelles constructions. Cette éventualité une fois admise, j'aurais cru manquer de prévoyance et de sagesse en laissant exécuter le projet qui a obtenu votre approbation, et je n'ai pas hésité à venir vous proposer de l'abandonner, pour y substituer une autre combinaison, qui assure d'une façon plus complète et plus satisfaisante le classement et la conservation des Archives départementales.

Haute-Marne. — (Voyez les précédentes délibérations, *Annuaire*, p. 65.)—*Rapport du Préfet*. J'ai l'honneur de mettre sous vos yeux le rapport que m'a présenté l'Archiviste sur la situation de nos Archives départementales. Elles continuent à revevoir le classement méthodique et soigneux que cet employé a entrepris et qu'il poursuit avec succès. Ce rapport renferme de précieux renseignements sur la situation de cet intéressant service, et je n'ai que les témoignages les plus élogieux à rendre du zèle et de l'activité qu'apporte l'Archiviste dans l'exercice de ses fonctions.

La translation des Archives dans les bâtiments en construction s'effectuera nécessairement dans le courant de l'année prochaine, et il deviendra indispensable de faire procéder à la vente de vieux papiers inutiles et encombrants. M. l'Archiviste en a déjà dressé un inventaire, que je vous prie de vouloir bien approuver, en accordant l'autorisation de mettre en vente les papiers qu'il énumère.

Mayenne. — (Voyez les précédentes délibérations, *Annuaire*, p. 66.)—*Rapport du Préfet*. Je n'ai rien, Messieurs, à vous signaler de particulier cette année dans le service des Archives. Vous avez reconnu, dans votre dernière session, que le nouveau bâtiment remplissait toutes les conditions exigées pour sa destination. M. de Stadler, Inspecteur général des Archives départementales, dans sa tournée de 1860, a reconnu également que ce service ne laissait plus rien à désirer.

Meurthe. — (Voyez les précédentes délibérations, *Annuaire*, p. 66.) — *Rapport de l'Archiviste*. Une opération des plus importante a été prescrite par la circulaire ministérielle du 4 mars, je veux parler de la recherche dans les Archives de la Cour Impériale de Nancy et dans les greffes des tribunaux du département, contenant des documents antérieurs à 1790 ayant un caractère essentiellement administratif et qui doivent être réintégrés dans les Archives du département. J'ai déjà visité, avec M. l'Inspecteur général de Stadler, les greffes de Nancy et de Toul, et nous avons acquis la certitude qu'ils ne renferment que des pièces judiciaires. Il en est très-vraisemblablement de même pour les tribunaux de Vic et de Sarre-bourg.

En attendant que je puisse faire cette vérification, je me suis occupé des Archives de la Cour Impériale, qui méritent une attention toute particulière, en raison de leurs intérêts, et de la situation déplorable où elles sont restées jusqu'à ce jour.

M. le premier président, avec qui j'ai examiné plusieurs fois le dépôt, a pensé que, pour rendre vraiment fructueuse et utile l'opération dont je suis chargé, il était indispensable de faire marcher de front le triage et le classement des papiers.

L'inventaire des Archives départementales, bien que j'aie dû le suspendre fréquemment pour m'occuper d'autres travaux, a marché plus rapidement que les années précédentes ; il a embrassé en effet 1336 articles, qui comprennent les séries suivantes : comptes du domaine d'Épinal ; de la seigneurie de La Fauche ; de Fénetrange ; des seigneuries de La Ferté-Bernard et de Gerbéviller ; comptes du domaine de Gondrecourt ; de Gondreville ; de la terre de Gorze ; comptes de la seigneurie de Guermange ; du domaine et de la gruerie d'Hatton-Châtel ; compte de la seigneurie d'Hénaménil ; du domaine et de la gruerie d'Hombourg et Saint-Avold ; comptes du domaine de Jametz ; de la seigneurie de Kaur ; de celles de Lalant et de Lenoncourt ; compte du domaine de Ligny ; du domaine et de la gruerie de Lixheim ; des seigneuries de Mandres et de Marcheviller ; comptes du domaine de Marmoutier ; de Marsal ; Marville et de la gruerie de Mirecourt ; de Monthuveux-sur-Saône ; de Moyenmoutier.

MEUSE.—(Voyez les précédentes délibérations, *Annuaire*, p. 67.)— *Rapport de la Commission.* Votre Commission a pris communication du rapport de l'Archiviste de la Préfecture, et elle s'est assurée par elle-même, en visitant les locaux, de la situation de cet important service, et du degré d'avancement du classement et des inventaires ; elle ne peut que vous témoigner sa satisfaction du zèle, de l'ordre et de l'activité apportés dans ce pénible travail ; et c'est avec plaisir qu'elle vous propose, avec M. le Préfet, d'élever de 2,300 francs à 2,400 francs le traitement de l'Archiviste.

Elle vous propose aussi de remercier M. Guillotel d'avoir bien voulu accepter gratuitement les fonctions d'Archiviste adjoint ; son aide a été fructueuse, et il serait à désirer qu'elle pût se prolonger davantage.

MORBIHAN. — (Voyez les précédentes délibérations, *Annuaire*, p. 67.)—*Rapport du Préfet.* J'ai, depuis le commencement de cette année, centralisé le service des Archives entre les mains de M. l'Archiviste; cette mesure avait, d'ailleurs, pour résultat de mettre fin à un envoi inutile de lettres de bureau à bureau dans ma Préfecture, et d'accélérer, par cela même, la marche des affaires.

La réintégration projetée des titres du greffe du tribunal civil de Lorient aux Archives départementales est aujourd'hui subordonnée à un triage dont M. l'Archiviste ne pourra guère s'occuper qu'au printemps, lors de sa prochaine tournée d'inspection.

MOSELLE.—(Voyez les précédentes délibérations, *Annuaire*, p. 68.) — *Rapport du Préfet.* Les travaux entrepris et exécutés du mois d'août 1860 au 31 juillet dernier se résument ainsi :

Classement et analyse des titres appartenant aux Archives départementales provenant des anciens établissements religieux ci-après :

1º Couvent des grands Carmes ; — 2º des Carmes Déchaussés ;— 3º des Carmes de Longwy;—des Célestins.—4º Classement provisoire de 300 liasses versées par les bureaux de la Préfecture.—5º Rédaction et copie de 1,285 rapports, arrêtés, lettres et certificats.—6º Recherches dans l'intérêt des particuliers et de l'administration.—7º Inscription au répertoire de 68 actes soumis à l'enregistrement.—Classement de 629 comptes communaux et de 118 comptes d'établissements de bienfaisance.—Classement de 225 rôles des quatre contributions directes. — Classement des comptes-matières des dépôts de mendicité, des comptes de la Caisse d'Épargne de Metz, de l'École normale, etc. — Inscription au catalogue de la bibliothèque de 55 ouvrages. — Classement des archives appartenant à 128 communes du département, et rédaction des inventaires sommaires de ces Archives. — Enfin, circulaires, lettres de rappel, réclamations diverses.

NIÈVRE. — (Voyez les précédentes délibérations, *Annuaire*, p. 69.)

— *Rapport du Préfet*. Les Archives de la Nièvre, pendant si long-temps négligées, présentent aujourd'hui, par leur classement mé-thodique et par leur excellente tenue, un intérêt que les hommes les plus compétents s'empressent de reconnaître.

M. le Conservateur expose, dans son rapport, les améliorations qui ont été réalisées dans le cours de l'année et qui se rattachent notamment à des dépouillements de nouveaux fonds jusque-là laissés dans l'oubli. Ils comprennent des titres de famille et quan-tité de documents précieux concernant les ducs de Nevers.

Des titres féodaux et les actes de vente de biens nationaux, qui sont fréquemment consultés par le public, ont été également l'objet d'un classement nouveau, conformément aux prescriptions d'une circulaire ministérielle du 4 août 1860.

Nord. — (Voyez les précédentes délibérations, *Annuaire*, p. 69.) — *Rapport de la Commission*. Un membre donne lecture des propositions de M. le Préfet pour l'allocation des crédits nécessaires au service des Archives départementales.

Le bureau s'associe aux éloges donnés à M. Le Glay pour les soins éclairés qu'il consacre à l'important dépôt qui lui est confié, et propose l'inscription au budget de 1862 du crédit ordinaire de 11,800 francs, réparti conformément aux propositions de M. le Préfet.—Adopté.

Oise.—(Voyez les précédentes délibérations, *Annuaire*, p. 70.)— *Rapport du Préfet*. Le nouvel inventaire dont M. le Ministre a prescrit la confection se poursuit activement, et la partie à peu près terminée de ce travail, comprenant les Archives civiles, a juste-ment mérité à M. Auxcouteaux les éloges de Son Excellence. Lors-que la Caisse des retraites des employés de la Préfecture a été con-stituée, le Conseil général n'admettait en dépense que le traitement de l'Archiviste, et l'Archiviste seul dès lors a été dénommé dans l'ordonnance réglementaire. Une stricte application du règlement ne permet pas d'y faire participer le commis adjoint, qui est payé ce-pendant sur les mêmes fonds et a droit à la même faveur. Dans ces circonstances, je vous prie, Messieurs, de porter le traitement du commis Archiviste de 600 à 900 fr. et de vouloir bien décider que cet employé sera admis à profiter de la Caisse des retraites de la Préfecture, par extension de la disposition du règlement qui admet l'Archiviste au nombre des tributaires de cette institution.

*Rapport de la Commission.* Le Rapporteur de la quatrième Commission est d'avis, conformément aux propositions de M. le Préfet, d'augmenter de 300 francs le traitement du commis-archiviste qui n'est que de 600 francs, se basant sur ce que les denrées ont atteint un prix excessif. Il propose également que cet employé sera admis, en versant la retenue, à profiter de la Caisse des retraites de la préfecture. Sur les propositions de la cinquième Commission, conformes à celles de M. le Préfet, le Conseil approuve les plans et devis dressés pour la construction de nouvelles Archives départementales et pour divers travaux d'appropriation à la Préfecture, dont le montant s'élève à 72,525 fr. 78 c., et il vote, au sous-chapitre XXII, article 1er, à valoir sur le total de la dépense, 25,000 fr.

ORNE.—(Voyez les précédentes délibérations, *Annuaire*, p. 71.)— *Rapport du Préfet.* Des pièces au nombre de 1409, pour la plupart antérieures à 1790, ont été soumises à un classement fait avec le soin qu'exigeait leur importance. Parmi ces pièces curieuses, on remarque des contrats de mariage, des extraits de naissance, mariage et sépulture, des partages de succession, des constitutions et transports de rentes, des ventes d'immeubles, des assemblées de famille, des procédures diverses et des sentences. Entre autres documents remarquables, on y voit des titres déposés par l'hospice de Nogent, créancier de M. de Barville, seigneur de Nocé. Quelques-unes de ces pièces remontent au XVe siècle. D'autres pièces de la même époque proviennent d'établissements religieux séculiers.

PAS-DE-CALAIS. — (Voyez les précédentes délibérations, *Annuaire*, p. 72.)—*Rapport du Préfet.* Vous connaissez le zèle et le dévouement que M. l'Archiviste du département apporte dans l'accomplissement de ses devoirs. Les deux rapports que je dépose sur votre bureau vous donneront la preuve que ce chef de service n'a pas cessé de mériter les témoignages flatteurs dont il a été plusieurs fois l'objet dans

cette enceinte. Les Archives départementales se sont accrues, depuis votre dernière session, de plusieurs centaines de registres et
liasses de papiers provenant des bureaux de la Préfecture et des
diverses administrations financières. Ces documents ont été examinés et rangés dans leurs séries respectives ; l'insuffisance des rayons
a eu pour résultat, il est vrai, d'entraver le classement ; mais il sera
prochainement obvié à cet inconvénient par la vente de tous les
papiers inutiles et par l'établissement de quelques casiers supplé-
mentaires. La révision générale des liasses dont se compose la série Q (domaines nationaux), pour en distraire les titres antérieurs
à 1790, s'est faite conformément aux instructions de S. Exc. M. le
Ministre de l'Intérieur, et n'a amené la découverte d'aucun document qui pût être réuni à d'autres séries ; ce résultat prouve l'exactitude minutieuse du premier classement. M. l'Inspecteur général
des Archives a constaté, du reste, dans sa dernière tournée, que la
conservation du dépôt général de nos Archives ne laisse rien à désirer. Sur 133 recherches qui ont été faites, dans l'intérêt des particuliers, depuis le 10 août 1860, 3 seulement ont été infructueuses ;
les 130 autres ont été couronnées de succès. Ces chiffres viennent
à l'appui de la mention honorable que l'inspection générale a cru
devoir accorder à notre dépôt.

PUY-DE-DÔME. — (Voyez les précédentes délibérations, *Annuaire*,
p. 73.) — *Rapport de la Commission.* Une autre espèce de documents préoccupe l'Archiviste ; il s'agit de la conservation des empreintes sur cire fixées aux vieux parchemins que renferment nos
riches Archives départementales. Il veut les reproduire et en tirer
des empreintes métalliques, pouvant résister mieux que la matière
friable à l'action du temps. Grâce à l'autorisation que lui en a donnée
M. le Préfet et au concours d'un artiste habile, M. Garapont, les sceaux
remarquables des XIIe, XIIIe et XIVe siècles et siècles suivants
seront conservés à la science au moyen d'empreintes sigillaires métalliques. Pour la somme de 250 francs, M. Garapont promet, non-
seulement de reproduire les sceaux empreintes qui sont encore en
état de donner la physionomie de leur sceau-type, mais encore de
céder aux Archives la collection remarquable d'empreintes sigil-

laires relatives à l'Auvergne qu'il a recueillie dans les Archives
particulières de la province. M. Cohendy demande cette somme à
M. le Préfet sur les fonds disponibles de l'article 4 du chapitre II
de la première section des dépenses départementales de l'exercice
1861.

M. l'Archiviste demande encore qu'une somme de 3,000 francs
soit allouée sur l'exercice 1862 pour achat de casiers et rayonnages,
qui sont indispensables pour l'entier classement des liasses, dont
les nombreuses subdivisions exigent un développement considérable.

BASSES-PYRÉNÉES.—(Voyez les précédentes délibérations, *Annuaire*,
p. 73.) — *Rapport du Préfet*. M. le Préfet fait part au Conseil général de la satisfaction constante que lui donnent MM. les employés
aux Archives pour le zèle et l'aptitude qu'ils déploient dans leurs
fonctions. Le Conseil général n'hésitera pas à inviter M. le Préfet à
féliciter M. l'Archiviste et son adjoint sur les améliorations qu'ils
apportent dans le service dont ils sont chargés.

Parmi les documents des Archives départementales, M. Raymond
a pu retrouver plusieurs lettres originales de Henri IV ; l'une d'elles
est trop curieuse pour la passer sous silence. Le Roi s'adresse à
Julien Mallet, sous-trésorier général, et lui écrit, le 8 juin 1589 :

« Armagnac dyt que je n'ay poynt de chemises, envoyés m'en. »

Les soins donnés aux précieuses Archives anciennes n'ont pas
fait négliger les dossiers administratifs versés par les bureaux de
la Préfecture. J'ai pu m'assurer, par des visites fréquentes, de la
bonne tenue des salles ; mais l'encombrement et par suite le désordre ne tarderont pas à se produire, si de nouveaux casiers ne sont
établis dans un prochain délai.

HAUTES-PYRÉNÉES. — ( Voyez les précédentes délibérations, *Annuaire*, p. 74.) — *Rapport de l'Archiviste*. — Le dépôt s'est accru,
cette année, de documents précieux, je veux parler des *livres terriers* et des *cadastres* provenant de la Cour des Aides et du Bureau
des finances de Montauban. Ces registres exhumés, il y a dix ans,
des combles de l'hôtel de ville de ce chef-lieu, intéressent 150 com-

munes de notre département. On y trouve la mention des biens,
droits et usages communaux, celle même des titres anciens qui
n'existent plus. Je m'occupe de la rédaction des tables pour les cinq
volumes qui renferment les dénombrements de 80 communes. Un
de ces documents, dont il a été délivré expédition, a mis fin à une
contestation qui s'était élevée entre deux localités de la vallée d'Aure,
au sujet de divers droits d'usage. L'examen attentif de ces précieux
registres nous a fait découvrir les anciens priviléges de Mauléon, autrefois capitale de Magniac, document d'un grand intérêt pour le pays.

PYRÉNÉES-ORIENTALES. —(Voyez les précédentes délibérations, *Annuaire*, p. 75.) — *Rapport du Préfet*. Les Archives des notaires qui
se trouvent dans le local du tribunal de commerce avaient été considérées par le Conseil général lui-même comme un dépôt en dehors
de l'administration préfectorale, et l'arrêté concernant les Archives
départementales en date du 26 octobre 1843 s'appliquait seulement
aux Archives alors déposées à la préfecture et à celles qui se trouvaient dans le local de l'ancienne Université. Mais, par une décision
récente de Son Excellence, la collection des actes des notaires a été
réunie à la Préfecture.

Le dépôt des actes des notaires est fort considérable; il occupe
plusieurs grands appartements et renferme environ 8,000 volumes
ou liasses, provenant de plus de 500 notaires différents; ils ont été
réintégrés par mes soins aux Archives départementales et seront
prochainement régulièrement classés.

BAS-RHIN.—(Voyez les précédentes délibérations, *Annuaire*, p. 76.)
— *Rapport du Préfet*. — Depuis votre dernière session, une partie
considérable du travail, dans la division des Archives, a porté sur
la confection des tables alphabétiques de l'inventaire sommaire. J'ai
déjà eu l'honneur de vous prévenir que ce travail serait long et
aride. Les tables de la seule série E ont rempli dans la mise au net
un cahier de 300 pages in-folio, contenant uniquement des noms de
personnes, de localités et des résumés de matières, avec les chiffres
correspondant à l'inventaire. S. Exc. M. le Ministre de l'Intérieur a
successivement approuvé toutes les tables concernant les Archives
civiles antérieures à 1790.

On s'occupe, en ce moment, des longues séries G et H (Archives ecclésiastiques). Les tables de la série G sont fort avancées et pourront probablement être soumises vers la fin de l'exercice courant à l'approbation du Ministre. Une opération assez importante a été faite dans l'intervalle des deux sessions de 1860 et 1861. Je veux parler de l'échange de titres avec le grand-duché de Bade. L'Archiviste avait préparé une série de parchemins et de liasses ayant trait à des localités badoises et à des intérêts badois ; ces titres provenaient à peu près en totalité du fonds épiscopal. Avant de les livrer à l'extradition, j'ai prié S. Exc. M. le Ministre de l'Intérieur de vouloir bien, par l'intermédiaire de son collègue, S. Exc. M. le Ministre des Affaires Étrangères, demander au gouvernement grand-ducal si les Archives de Carlsruhe contenaient des titres de nature à intéresser exclusivement notre département, et s'ils pourraient être livrés en échange de documents offerts par notre administration. La réponse a été favorable et affirmative ; des titres assez nombreux intéressant nos communes et, pour le moins, de valeur égale à ceux que nous donnions, ont pu être répartis, après échange, entre les divers fonds de nos Archives départementales.

Grâce à l'inventaire terminé, les recherches historiques deviennent de plus en plus faciles et fréquentes. Les Archives du Bas-Rhin offrent, soit à l'érudition allemande, soit aux anciennes familles d'outre-Rhin, une source de renseignements que nous nous empressons d'ouvrir avec libéralité.

HAUT-RHIN. — (Voyez les précédentes délibérations, *Annuaire*, p. 77.) — *Rapport du Préfet*. En mettant sous vos yeux le rapport annuel qui doit vous être soumis sur la situation des Archives départementales, je ne puis que me référer à mes observations antérieures concernant ce service, qui, pour être convenablement organisé, exige un local plus vaste et mieux approprié ; c'est à quoi il sera pourvu, d'ailleurs, dans un prochain avenir, au moyen de la nouvelle construction déjà votée par le Conseil général.

En attendant, le classement des papiers et la confection de l'inventaire se poursuivent dans l'ordre et la forme déterminés par les instructions ministérielles. On s'est occupé principalement en dernier lieu, et on continue à classer les documents provenant de l'ancienne régence d'Ensisheim, établie sous la domination de l'Autriche, documents qui embrassent une période de plus d'un siècle, de 1523 à 1648.

En vertu d'une circulaire ministérielle du 4 avril dernier, les Archives judiciaires auront à verser aux Archives départementales tous les documents antérieurs à 1790 ayant un intérêt purement administratif. J'ai dû me concerter à ce sujet avec MM. les Présidents des quatre tribunaux de première instance. Les Archives du tribunal de Strasbourg fourniront un contingent assez considérable. Le tribunal de Schlestadt n'aura rien à fournir. Celui de Wissembourg présente une série de liasses qui intéressait plutôt quelques communes du Palatinat, et qui resteront probablement dans le local actuel. Saverne, au contraire, livrera une série considérable de liasses, qui nécessiteront un travail à neuf.

Une dépêche toute récente de S. Exc. M. le Ministre de l'Intérieur m'invite à m'occuper aussi du classement des Archives des Sous-Préfectures et de l'examen des papiers de rebut qui en proviennent. Déjà, dans le courant de janvier dernier, j'ai prié MM. les Sous-Préfets de s'occuper, dans la mesure de leurs ressources et du temps que leurs employés peuvent y donner, de ce travail de classement; j'aime à penser qu'ils y mettent la suite voulue, sans imposer pour le moment de nouveaux sacrifices au département.

HAUTE-SAÔNE. — (Voyez les précédentes délibérations, *Annuaire*, p. 78.) — *Rapport du Préfet.* L'inventaire des Archives anciennes, bien qu'exigeant les soins les plus minutieux, a été poursuivi avec activité, et un état comprenant mille articles a été récemment revêtu de l'approbation de S. Exc. M. le Ministre de l'Intérieur. Vous verez dans le rapport de M. l'Archiviste du département la note détaillée des demandes de renseignements et d'expéditions auxquelles il a été donné satisfaction, le nombre des recherches qui ont été faites et les résultats qui en ont été la conséquence. Une de ces demandes était relative à la production d'un plan figuratif des propriétés de l'abbaye de Bellevaux. Les parties ont reconnu leurs droits respectifs et toute difficulté a cessé immédiatement. Une autre intéressait une commune qui, depuis plus de trente ans, se trouve privée de la desserte des offices divins par la non-exécution des clauses d'un testament du seigneur du lieu fait en 1736. Cette commune se dispose, munie d'un document, à rappeler les héritiers à l'observation du testament de leur aïeul.

SAÔNE-ET-LOIRE. — *Rapport du Préfet.* Pour satisfaire à un sentiment de justice aussi bien qu'à l'appel que M. le Ministre de l'Intérieur a fréquemment fait à votre bienveillance en faveur du Conservateur de nos Archives, qu'il désirerait voir rétribuer comme les chefs de service de mes bureaux, vous avez bien voulu porter à 2,000 francs, par des allocations successives, les appointements de M. Ragu. Dans la persuasion que vous ne refuseriez pas de faire encore un pas pour mettre ces appointements plus en rapport avec les longs et bons services de cet employé et avec l'importance des fonctions qui lui sont confiées, j'ai cru devoir en élever le chiffre à 2,200 francs dans mes prévisions de 1862.

SARTHE.—(Voyez les précédentes délibérations, *Annuaire*, p. 78.) —*Rapport du Préfet.* Un nouveau cahier, in-folio (série G) de l'inventaire-sommaire des 190 registres de comptabilité de l'église collégiale de Saint-Pierre de la Cour du Mans, a été adressé au Ministre. Un premier cahier in-folio traitant de l'analyse sommaire des documents de l'abbaye de la Couture, la plus importante du diocèse, a également été terminé, et un deuxième cahier allait être expédié, lorsqu'une dépêche du Ministre a remis l'exécution complète de ce travail après l'achèvement de l'inventaire de la série G.

Plusieurs pièces importantes, provenant des établissements religieux supprimés en 1790, faisaient indûment partie des Archives communales déposées à la bibliothèque de la ville du Mans; grâce aux recherches actives de M. l'Archiviste, qui vous donne la nomenclature des principaux d'entre eux, ces documents précieux ont pu être restitués à votre dépôt départemental.

SAVOIE.—(Voyez les précédentes délibérations, *Annnaire*, p. 79.) - -*Rapport du Préfet.* Messieurs, la lecture du rapport de M. l'Archi-

viste du département vous a fait voir avec quel soin il s'occupe
des richesses historiques qui sont sous sa direction.

*Rapport de la Commission.* Votre Commission a pensé que c'était
un droit et un devoir pour le Conseil de réclamer de nouveau
l'exécution de l'article 10 du traité du 23 août 1860 et la restitution, par le Piémont, des documents importants pour l'histoire
et pour la propriété de notre pays, que le gouvernement sarde
retient encore.

Votre Commission approuve aussi pleinement l'opinion de
M. l'Archiviste sur l'utilité de la concentration de ce que contenaient les Archives du tabellionage. Les minutaires antérieurs à
1700 sont inutiles et même onéreux aux notaires ; ils courent
chez eux les plus grands dangers de destruction ; dans tous les
cas, il serait fort difficile d'arriver à découvrir un acte dans
la dissémination chez un si grand nombre d'officiers publics,
fort peu experts en paléographie.

Haute-Savoie.— (Voyez les précédentes délibérations, *Annuaire,*
p. 79.) — *Rapport du Préfet.* La pénurie du matériel des Archives
de mon département et le désordre dans lequel elles se trouvaient lors de l'annexion, n'ont pas permis encore d'en
compléter l'organisation ; cependant le travail de classi-
fication qui a été entrepris pour l'établissement des Archives
avance rapidement. Mon premier soin a été d'affecter à cet objet
un local spécial, et j'ai fait transporter dans une salle particulière
toutes les pièces qui se trouvent confondues pêle-mêle tant au
rez-de-chaussée que dans les combles du bâtiment de la Préfecture.

Seine-Inférieure. — (Voyez les précédentes délibérations, *Annuaire,* p. 80.) — *Rapport du Préfet.* L'exploration des greffes a
donné lieu à des découvertes intéressantes, dont il a été rendu
compte à Son Excellence. Je me contenterai de les rappeler
sommairement.

Il n'existe au greffe d'Yvetot aucune pièce administrative, ni même
judiciaire antérieure à 1800.

Le greffe de Neufchâtel possède en double quelques cahiers

d'act : de l'état civil qui font défaut dans les Archives des communes et des séries d'actes relatifs à certaines localités de l'arrondissement de Dieppe qui devraient être renvoyées au greffe de cette ville. J'ai appelé sur ce point l'attention de M. le procureur général de la Cour Impériale de Rouen.

Au Havre, dans un grenier qui dépend du greffe, on a retrouvé une caisse de titres de la communauté des merciers de cette ville au XVIIIe siècle. Un ancien inventaire mentionnait des papiers d'une plus grande valeur au point de vue historique ; les procès-verbaux d'élections de députés aux états généraux et les cahiers de doléances rédigés par les communes. Le même inventaire faisait connaître que ces pièces avaient été envoyées aux Archives du palais de justice de Rouen, conformément à l'article 83 de la loi du 19 vendémiaire an IV ; les recherches entreprises ont amené la découverte d'une partie de ces documents, et, par la même occasion, des documents de la même nature concernant Rouen et les communes environnantes. Tous ont été transférés aux Archives de la Préfecture et classés à la série B, comme provenant primitivement des greffes des bailliages.

TARN.—(Voyez les précédentes délibérations, *Annuaire*, p. 83.)— *Rapport de la Commission*. La Commission a pris connaissance de l'intéressant rapport de M. l'Archiviste sur la situation des Archives départementales et des travaux opérés depuis la dernière session. Le classement général est terminé ; le classement partiel et de détail va se poursuivre avec activité. Les Archives sont débarrassées d'une masse énorme de papiers, dont la vente a produit la somme de 431 fr. 75 c. On ne saurait qu'applaudir à l'intelligence et à l'incessante activité de l'Archiviste, qui à une haute intelligence joint le zèle et l'amour du devoir qui font les fonctionnaires honorables et utiles. Votre Commission prie le Conseil de s'associer à cet éloge mérité.

TARN-ET-GARONNE. — *Rapport du Préfet*. Les Archives historiques du département étaient déjà devenues très-importantes lors de la dernière session du Conseil général, par suite de la réintégration de titres nombreux provenant des mairies de Montauban, de Moissac, de Castel-Sarrazin et de Saint-Antonin, du greffe du tribunal civil de Montauban et de la sous-préfecture de Castel-Sarrazin. Ce dépôt a encore reçu de nouveaux accroissements depuis cette époque.

Au mois de novembre dernier, M. le maire de Lauzerte a envoyé à la Sous-Préfecture les papiers de l'ancienne sénéchaussée de cette ville, suivant les prescription de S. Exc. M. le Ministre de l'Intérieur. Ces papiers, qui remplissaient 17 grands sacs et dont le dépouillement sera nécessairement fort long, consistent principalement en pièces de procédure du sénéchal de Lauzerte. Il y a aussi un certain nombre de liasses relatives à l'état civil des paroisses de la sénéchaussée et quelques registres de minutes de notaires.

SEINE-ET-MARNE.—(Voyez les précédentes délibérations, *Annuaire*, p. 81.) — *Rapport du Préfet.* Le rapport de M. l'Archiviste témoigne de ses soins assidus dans le classement des pièces et dans l'accòmplissement de sa mission pour la mise en ordre des Archives communales. Les travaux ont reçu l'approbation de l'Inspecteur des Archives départementales.

SEINE-ET-OISE.—(Voyez les précédentes délibérations, *Annuaire*, p. 81.) — *Rapport du Préfet.* J'ai l'honneur, Messieurs, d'appeler votre attention sur les nombreux documents qui, dans le cours de cette année, sont venus enrichir nos Archives. Vous en trouverez l'énumération dans le rapport de M. le Conservateur. Permettez-moi, cependant, Messieurs, de citer les titres des prieurés de Saint-Georges de Mantes et d'Évecquemont, titres que le département de la Seine-Inférieure nous a cédés ; les registres de la seigneurie de Bonnelles, et les papiers anciens, au nombre de 2,456 liasses ou registres, qui proviennent du greffe de Pontoise ; 39 registres des anciennes administrations municipales de cantons nous ont été envoyés par les Sous-Préfectures d'Étampes, de Mantes et de Pontoise. Ces volumes complètent l'une des collections les plus intéressantes de la série L.

S. Exc. M. le Ministre de l'Intérieur a obtenu de son collègue le Garde des Sceaux l'autorisation de faire rechercher dans les greffes des tribunaux tous les documents historiques ou administratifs qui pourraient encore y exister. M. l'Archiviste, que j'ai chargé de cette mission, a visité successivement Corbeil, Étampes, Mantes et Versailles. Mais il a trouvé partout un tel désordre que les instructions ministérielles n'ont pu être mises à exécution. Je crois devoir encore, Messieurs, appeler votre attention sur l'état fâcheux des registres de l'état civil placés dans les greffes. Ces précieux documents, si l'on veut en assurer la conservation, auraient besoin d'être tous reliés.

SOMME. — ( Voyez les précédentes délibérations, *Annuaire*, p, 82.) — *Rapport de la Commission.* La Commission a cru devoir se rendre dans la salle des Archives. Elle a trouvé que les classements s'opèrent avec ordre et utilité, et a constaté l'exactitude des renseignements donnés par M. l'Archiviste dans le rapport qu'il a adressé à M. le Préfet sur le degré d'avancement des inventaires. Elle a reçu en outre de lui l'assurance que toutes les séries qui viennent après la série G se trouvant déjà préparées, l'inventaire sommaire des Archives civiles sera entièrement achevé et prêt à livrer pour la publication à l'époque de la session du Conseil général de 1862.

VAR. —(Voyez les précédentes délibérations, *Annuaire*, p. 84.)— *Rapport du Préfet.* Les Archives sont dirigées avec un soin et un zèle au-dessus de tout éloge. Malheureusement, la distraction de l'arrondissement de Grasse va les priver d'un fonds très-précieux. Nous voulons parler du fonds relatif aux îles de Lérins, qui doit appartenir désormais au département des Alpes-Maritimes. Dans un rapport détaillé qu'il m'a soumis l'Archiviste du département fait connaître le résultat des vérifications qu'il a opérées pendant l'année qui vient de s'écouler dans 21 communes et 10 hospices du département. Il me suffira de vous dire que presque partout ces vérifications ont donné lieu à des découvertes heureuses.

VAUCLUSE. —(Voyez les précédentes délibérations, *Annuaire*, p. 84.) — *Rapport de la Commission.* Messieurs, votre Commission a visité les Archives départementales, conformément au vœu de l'instruction ministérielle du 8 août 1839. Elle a constaté, comme les années précédentes, la bonne tenue de ce dépôt et le dévouement intelligent avec lequel il est desservi par l'Archiviste du département.

Nos collections ont reçu dans ces dernières années deux accroissements considérables, et l'attente de nouveaux versements, qui doivent trouver place dans la série B de l'inventaire, a fait suspendre les travaux de cet inventaire, qui a déjà dû être refondu une première fois, par suite de circonstances du même genre. M. l'Archiviste n'est pas inactif.

La translation des Archives dans l'ancien palais des papes, lorsque ce palais sera affecté aux nouvelles destinations qu'il s'agit de lui donner, serait un bienfait d'une grande portée. De trèsvastes espaces pourraient être consacrés à la conservation de nos collections historiques et administratives, qui seraient là dans des conditions de sécurité que nous chercherions en vain à trouver ailleurs. Un grand nombre de nos bulles, chartes et priviléges de concession, seraient conservés dans le lieu même où ils ont été originairement dressés et signés; ces monuments écrits de notre histoire se trouveraient renfermés dans le plus important de nos monuments historiques, et le plus précieux pour les souvenirs qui s'y rattachent. Adoptant le projet de M. le Préfet, votre Commission vous propose d'inviter ce magistrat à rechercher les moyens de ménager un local suffisant dans l'ancien palais des papes pour y transférer les Archives du département.

VENDÉE. — *Rapport du Préfet.*—L'Archiviste s'est presque uniquement occupé de la rédaction de l'inventaire sommaire de la partie antérieure à 1790 des Archives départementales tant de fois réclamé, mais qui doit subir encore d'assez nombreux changements et additions.

VIENNE.— (Voy. les précédentes délibérations, *Annuaire,* p. 85.) — *Rapport de l'Archiviste.* Dans la série K, 1, des Archives départementales, il restait à classer quelques fonds d'importance secondaire; je m'en suis occupé, après avoir terminé la table alphabétique de l'inventaire des fonds des abbayes de femmes (Sainte-Croix, la Trinité de Poitiers et Fontevrault). Les fonds que j'ai successivement inventoriés depuis le mois d'août de l'année dernière sont ceux des abbayes de Sainte-Croix d'Angle, de l'Étoile (commune d'Archigny), de la Merci-Dieu (commune de La Roche-Posay), et de la châtellenie de Vouzailles (qui appartenait à l'abbaye de Bourgueil, en Anjou). Pour achever le travail en ce qui concerne les abbayes d'hommes, j'aurais également catalogué les titres de celle de Moreaux, près Sommières, si je n'avais cru devoir attendre l'envoi, depuis longtemps promis par M. le maire de Civray, des documents anciens qui sont déposés à la mairie de cette ville, et qui doivent être réintégrés aux Archives départementales. Il est présumable que parmi ces documents il s'en trouve qui concernent l'abbaye de Moreaux.

J'ai dû ensuite consacrer la plus grande partie de mon temps à refondre entièrement la série E (Féodalité, Communes, Bourgeoisie et Familles), pour satisfaire aux exigences du plan adopté pour l'*Inventaire sommaire des Archives départementales* qui est en cours d'exécution. Les deux subdivisions relatives aux fiefs et aux familles, qui font la partie essentielle de cette série, ne comprennent pas moins de 240 liasses et 35 registres.

HAUTE-VIENNE. — (Voy. les précédentes délibérations, *Annuaire*, p. 85.)—*Rapport de la Commission.* Votre Commission a vérifié les travaux faits par M. l'Archiviste. Elle a reconnu qu'il avait continué, comme les années précédentes, avec le zèle intelligent qui le distingue, la tâche laborieuse et difficile dont il est chargé. En effet, un grand nombre de liasses nouvelles ont été créées; mais aujourd'hui son travail devient d'autant plus difficile que le défaut de rayons l'oblige à laisser pêle-mêle toutes ces liasses, et rend ainsi les recherches plus longues et plus pénibles.

VOSGES.—(Voy. les précédentes délibérations, *Annuaire*, p. 86.) — *Rapport du Préfet.* Il reste à dépouiller, classer et inventorier les Archives des anciens chapitres et abbayes de Saint-Dié, Moyenmoutier, Étival, Remicourt, Épinal et diverses séries de pièces appartenant aux Archives départementales; enfin, les Archives des tribunaux, justices seigneuriales, prévôtés, marquisats et autres juridictions qui existaient avant 1790, et qui ont été récemment réunies au dépôt départemental.

YONNE. — (Voy. les précédentes délibérations, *Annuaire*, p. 86.) —*Rapport du Préfet*. Les séries **A**, B, C, D, E, sont inventoriées et les inventaires approuvés. M. Quantin a achevé cette année le catalogue de la série E : Fonds des notaires. Cette collection présente le plus grand intérêt.

Il y a surtout une section, dite Tabellionage d'Auxerre, composée de 2,000 pièces choisies et classées par nature de documents qui remontent au commencement du XVIe siècle.

Cette série a été émargée pièce par pièce, et cataloguée par M. l'Archiviste. Il serait à désirer que les documents de ce genre qui se trouvent dans les études des notaires pussent être réunis aux Archives de la préfecture.

---

### 3o DÉPARTEMENTS COMPRIS DANS L'INSPECTION GÉNÉRALE DE 1862.

(Préfectures et sous-préfectures, mairies et hospices des chefs-lieux de départements et d'arrondissements.)

PAR M. DE STADLER. — Marne, Haute-Marne, Doubs, Drôme, Loire, Savoie, Haute-Savoie, Mayenne.

PAR M. FR. WEY. — Eure-et-Loir, Calvados, Landes, Orne, Gers, Dordogne, Corrèze, Manche.

PAR M. DE ROZIÈRE. — Nord, Pas-de-Calais, Alpes-Maritimes, Vaucluse, Var, Hautes-Alpes, Basses-Alpes, Bouches-du-Rhône.

Par M. Bertrandy. — Haute-Garonne, Tarn, Aveyron, Lot, Charente, Puy-de-Dôme, Basses-Pyrénées, Oise.

---

4° DÉCRETS. — DÉCISIONS ADMINISTRATIVES. — CIRCULAIRES.

## Exposé de la situation de l'Empire.

Extrait du *Moniteur universel* du 29 janvier 1862.

---

### INTÉRIEUR.

*Archives départementales, communales et hopitalières.*

L'inventaire et le classement des Archives départementales, communales et hospitalières se poursuit avec activité dans toute la France. La rédaction des inventaires des Archives civiles des départements est aujourd'hui généralement terminée, et l'impression en est déjà commencée. Les Conseils généraux ont prêté leur concours à cette publication en votant les fonds nécessaires. Ils ont compris l'importance d'une œuvre destinée à mettre en lumière des documents aussi précieux pour l'histoire générale du pays, celle des provinces, des communes et des familles, que pour l'administration, dont les titres se retrouvent dans les dépôts des anciennes intendances.

---

### RAPPORT A SA MAJESTÉ L'EMPEREUR.

Sire,

J'ai l'honneur de présenter à Votre Majesté les deux premiers volumes de l'*Inventaire sommaire des Archives départementales antérieures à* 1790.

Votre Majesté regrettait, dans la préface d'une de ses œuvres, que l'idée émise un jour par Napoléon I<sup>er</sup> n'eût pas été exécutée.

Le fondateur de votre dynastie voulait que les savants créassent des catalogues, par ordre de matières, des sources authentiques où les auteurs, écrivant sur une branche quelconque du savoir humain, pourraient aller puiser leurs renseignements. « Aujourd'hui, ajou-« tiez-vous, Sire, l'homme désireux de s'instruire ressemble à un « voyageur qui, pénétrant dans un pays dont il n'a pas la carte « topographique, est obligé de demander son chemin à tous ceux « qu'il rencontre. »

La publication dont j'ai l'honneur de soumettre la première partie à Votre Majesté est en voie de réaliser ce projet de l'Empereur.

Les Archives départementales, formées en 1790, dans les chefs-lieux des r fectures actuelles, par la réunion de tous les titres provenant des intendances, cours des comptes, bailliages, évêchés, monastères, châteaux, etc., constituent un vaste et magnifique ensemble de documents authentiques, comparable en richesse et de beaucoup supérieur en nombre à l'important dépôt des Archives centrales de l'Empire. — Si ce dernier dépôt renferme le Trésor des chartes royales et les actes émanés des anciennes administrations établies au siége même du gouvernement, les Archives dépar-tementales comprennent, de leur côté, toutes les collections de nature analogue que possédaient nos provinces, c'est-à-dire la France entière, à l'exception de Paris. Elles contiennent donc d'abord, d'une manière spéciale et complète, ce qui se rapporte à l'histoire des provinces, des communes et des propriétés particulières, ainsi qu'aux intérêts des familles qui les ont habitées.

Elles offrent, en outre, un grand nombre de titres précieux pour l'histoire générale, et notamment les actes promulgués par les sou-verains dans le royaume pour notifier leur avénement, annoncer leurs plans de réforme, demander adhésion à leur politique, etc. Telles, par exemple, les lettres de Philippe le Bel réclamant l'appui de ses vassaux dans la lutte contre le Saint-Siége, organisant les élections générales des représentants du pays, prescrivant l'arres-tation des Templiers et justifiant cette mesure; telles aussi ces cir-culaires dans lesquelles Charles IX décline la responsabilité de la Saint-Barthélemy, etc.

A un autre point de vue, les Archives départementales fournissent encore à l'étude de l'histoire générale et de l'administration publique d'innombrables matériaux. Avant l'organisation uniforme de la France en départements, chacune de nos provinces avait conservé plus ou moins son autonomie, et, à mesure qu'on remonte dans le passé, les individualités provinciales prennent un caractère plus indépendant de l'action du pouvoir central. — Ce ne sont plus alors des parties d'un empire, mais de véritables États souverains (Bourgogne, Provence, Lorraine, Bretagne, etc.), qui traitent parfois d'égal à égal avec le roi de France, possèdent une administration propre, une représentation en quelque sorte nationale, une cour princière protectrice des sciences et des arts, et entretiennent des relations diplomatiques séparées, soit avec la France, soit avec l'étranger.

On comprend, dès lors, que les éléments de l'histoire générale et de l'administration publique de notre pays soient aussi divisés que le pays l'était lui-même, et que l'étude de nos provinces dans leurs rapports entre elles et avec Paris puisse seule donner l'intelligence complète et la juste appréciation de l'ensemble des faits.

S'il était besoin de démontrer cette solidarité d'intérêt historique, il suffirait, Sire, de rappeler un exemple qui a déjà frappé l'attention de Votre Majesté. La précieuse correspondance de Charles le Téméraire, indiquant jour par jour la marche de ses armées et révélant ses projets (documents conservés aux Archives de Dijon), n'intéresse-t-elle pas autant l'histoire du règne de Louis XI que celle de la Bourgogne elle-même? Et, pour descendre à une époque plus rapprochée de nous, comment se rendre compte de l'importance de la Ligue, sans en avoir étudié les nombreuses ramifications provinciales, dont les Archives de nos départements nous livrent aujourd'hui le secret?

Enfin, si nous abordons l'histoire des sciences et des arts, de l'agriculture, du commerce, de l'industrie, de toutes les branches, en un mot, des connaissances humaines ou de l'administration, l'étude particulière des documents que recèlent nos provinces ne sera pas moins féconde. N'est-ce pas dans les Archives de leur patrie ou des villes qu'ils ont habitées que l'on rencontre, sur nos grands hommes, le plus de renseignements? Peut-on faire l'histoire du droit, de la médecine, de la littérature, de la sculpture, de la peinture, etc., sans consulter les titres que nous ont conservés Valence et Toulouse sur Cujas, Montpellier sur Rabelais, Rouen sur Corneille, Marseille sur Puget, Nancy sur Callot, etc.; et, pour des questions que l'on pourrait croire toutes modernes, qui se douterait, par exemple, si les Archives des Bouches-du-Rhône n'en fournissaient la preuve, que déjà au XVe siècle la France et le Piémont projetaient de concert le percement des Alpes?

En résumé, Sire, les Archives départementales contiennent l'histoire de nos provinces dans ses moindres détails, des éléments de tous genres pour l'histoire générale du pays et une quantité innombrable d'actes relatifs aux familles et aux propriétés particulières.

Il était donc désirable que ces riches dépôts, inexplorés et trop méconnus jusqu'à ce jour, fussent mis en valeur au profit des intérêts qui s'y rattachent.

La loi du 10 mai 1838, en classant parmi les dépenses ordinaires des départements les frais de garde et de conservation de leurs Archives, avait permis d'en effectuer la mise en ordre et de réaliser successivement plusieurs améliorations. Mais il était réservé à l'initiative de Votre Majesté d'imprimer à cette partie de l'administration une impulsion décisive.

Le décret impérial du 22 juillet 1853, que j'avais préparé d'après vos ordres, donna aux Archives départementales une organisation plus large et plus régulière.

Habilement secondé par les chefs de service de mon ministère, et notamment par le personnel du bureau des Archives, je confiai à l'expérience d'Inspecteurs généraux sortis de notre savante École des chartes le soin de visiter les Archives des départements, des communes et des hôpitaux, afin d'en surveiller la conservation et le classement, de diriger le personnel, d'après une méthode uniforme, et de relier entre eux les efforts jusque-là isolés des Archivistes, dans le but de les faire concourir à l'exécution de l'inventaire que je voulais créer.

Les travaux antérieurs n'avaient eu pour résultat que la publication d'un tableau général donnant, pour chaque dépôt d'Archives départementales, le titre et l'état numérique des fonds qu'il comprenait ; cela ne pouvait pas suffire. Il importait surtout de faire connaître le contenu même de ces fonds, de révéler les ressources qu'ils offrent pour tous les genres de recherches.

Dans ce but, Sire, je prescrivis, en 1853, une méthode d'*inventaire sommaire* qui donne l'analyse de chacun des articles (cartons, liasses ou volumes) dont les Archives sont composées. En même temps que ce travail assure la conservation des documents exposés jusqu'alors à de si regrettables dilapidations, en constatant publiquement leur nombre et leur état matériel, il en indique la date et le contenu par des citations de natures diverses, dont la réunion formera, pour ainsi dire, une table générale des matières.

L'établissement de cet inventaire sommaire donna presque immédiatement d'importants résultats, et, dans un rapport adressé à Votre Majesté le 20 juin 1854, je pouvais déjà lui annoncer que cette opération, en pleine exécution dans toutes les Préfectures, avait amené la découverte d'un grand nombre de titres précieux. Les Archivistes départementaux, formés pour la plupart à l'enseignement de l'École des chartes, ont secondé les vues de l'administration centrale avec zèle et dévouement, et, grâce à leurs efforts, que je regarde comme un devoir de récompenser en faisant améliorer de plus en plus la position de ces fonctionnaires, les inventaires des Archives civiles étaient l'année dernière, après huit ans d'un travail assidu, généraralement terminés. Il restait, pour mettre en lumière toute leur valeur, à en entreprendre la publication ; dès ma rentrée au ministère de l'Intérieur, je me suis occupé d'en préparer les voies et moyens.

J'ai fait appel aux départements, plus intéressés que personne à publier le catalogue des richesses historiques qu'ils possèdent et des documents d'intérêt particulier dont la loi les autorise à délivrer des expéditions rétribuées. L'empressement à peu près unanime avec lequel les Conseils généraux ont adopté ma proposition et voté les frais d'impression nécessaires, montre que les avantages d'une œuvre aussi importante ont été appréciés.

Dès à présent, cette publication s'exécute simultanément dans toute la France, d'après un même modèle, dans un même format, et tirée à un nombre d'exemplaires suffisant pour assurer l'échange entre les Préfectures et faire une large part à la publicité ; elle constituera dans chaque département un centre de recherches d'autant plus faciles que, par les soins de mon Ministère, il sera dressé une table générale, résumé et complément de l'œuvre.

Les deux volumes que j'ai l'honneur de placer sous les yeux de Votre Majesté concernent 54 préfectures, renferment 1683 pages de texte et présentent l'analyse de 12,000 volumes manuscrits, 5,670 plans, 10,978 liasses contenant un total de 732,946 pièces, dont la plus ancienne remonte au commencement du VIIIᵉ siècle.

J'ose espérer que Votre Majesté trouvera ce travail digne de sa haute approbation, surtout si elle daigne considérer que la première feuille n'a été mise sous presse qu'au mois de janvier dernier. Elle peut ainsi prévoir la marche rapide que cette publication est destinée à suivre et l'importance des résultats qui s'ajouteront chaque jour à ceux que j'ai l'honneur de lui signaler.

A l'exemple des départements et dans le même format, plusieurs administrations communales et hospitalières ont commencé à faire imprimer l'inventaire de leurs collections, et cette seconde opération, exécutée conjointement avec la première, permet, dès à présent, d'entrevoir le moment où l'ensemble de ces travaux, encouragés par votre auguste patronage, constituera un véritable monument national.

Je suis, avec un profond respect, Sire,
de Votre Majesté,
le très-humble serviteur et fidèle sujet,

*Le Ministre de l'Intérieur,*
F. DE PERSIGNY.

Approuvé :
NAPOLÉON.

---

Par décret impérial en date du 6 août, rendu sur la proposition du Ministre de l'Intérieur, ont été promus ou nommés dans l'ordre impérial de la Légion d'honneur :

*Au grade d'officier.* — M. Eugène de Stadler, inspecteur général des

Archives départementales : services exceptionnels dans l'organisation de l'Inventaire des Archives départementales.

*Au grade de chevalier.* — M. Aimé Champollion-Figeac, chef du bureau des Archives départementales, auteur d'ouvrages sur l'histoire de France.

---

Par arrêté de Son Exc. M. le Ministre de l'Intérieur, en date du 16 janvier 1862, M. Bertrandy, Archiviste paléographe, est nommé inspecteur général (2e classe) des Archives départementales.

---

Sur la demande de Son Exc. M. le Ministre de l'Intérieur, il a été décidé par M. le Ministre des finances que les documents provenant des anciennes maîtrises des eaux et forêts et déposés aux chefs-lieux des inspections forestières de France, seraient examinés par MM. les Archivistes départementaux en présence d'un délégué de l'administration forestière, et que toutes les pièces antérieures à 1790 sans objet pour cette administration seraient rendues aux Archives départementales.

Cette opération, suivie avec attention, a fait découvrir de précieux documents restés ignorés jusqu'à ce jour et que l'on considérait comme détruits.

---

Par décision de Son Exc. M. le Ministre de l'Intérieur, il a été demandé à MM. les Préfets un plan des locaux occupés par les Archives départementales de chaque Préfecture, en indiquant aussi l'affectation des salles voisines de ces dépôts, afin d'examiner si ces emplacements offraient toutes les garanties de sécurité nécessaires pour les importantes collections historiques et administratives des 89 départements. Il a été spécialement recommandé, d'après l'avis de la commission des bâtiments civils, d'employer de préférence le fer au bois dans les constructions destinées aux Archives.

---

## Précédents administratifs.

(Voir les nᵒˢ 1 à 15, *Manuel de l'Archiviste*, p. 345, et les nᵒˢ 16 à 22, *Annuaire de* 1862, p. 90.)

23. L'article 25 de la loi du 9 novembre 1853 sur les pensions civiles n'est pas applicable à un Archiviste paléographe sur la pension triennale duquel on a opéré la retenue, bien qu'il y ait eu interruption de service au compte de l'État, cette interruption étant évidemment, dans l'espèce, involontaire et le résultat de force majeure, (*Décision* du .... 1862. *Inspection générale des Archives départementales.*)

24. Le Ministre, adoptant l'avis de la Commission des Archives instituée près du Ministère de l'Intérieur, pense qu'il est nécessaire de distinguer entièrement le service des Archives de tout autre service de la Préfecture. L'expérience a fait reconnaître que lorsqu'un secrétaire particulier de Préfet ou un chef de service de la Préfecture remplit en même temps les fonctions d'Archiviste, ces dernières ne tardent pas à être négligées, en présence de l'intérêt quotidien et urgent des affaires. (*Décision* du 6 février, *Basses-Alpes.*)

25. Les papiers qui doivent être versés aux Préfectures par les *Sous-Préfectures* sont ceux qui ont accompli les délais indispensables pour qu'il puisse être procédé, s'il y a lieu, à leur vente. Ces délais et ces versements sont réglés par la circulaire du 24 juin 1844, *Manuel*, p. 79, et par la circulaire du 2 janvier 1861, *Annuaire de* 1862, p. 92.) (*Décis.* du 22 octobre 1845, *Ardèche.*)

26. Le Ministre n'accorde l'autorisation de vendre les papiers inutiles antérieurs à 1790 qu'après que l'un de MM. les inspecteurs généraux a donné son avis. (*Décis.* du 6 novembre 1850, *Ardèche,* et juin 1854, *Inspect. générale.*)

27. L'Archiviste départemental, comme chef de service, doit re-

cevoir directement du secrétaire général et sans l'intermédiaire des bureaux de la Préfecture la correspondance administrative et toutes les communications exclusivement relatives au service des Archives départementales, communales et hospitalières. Il doit être chargé de préparer la correspondance, de proposer l'emploi des fonds votés par le Conseil général pour les Archives. (*Décis.* du 23 août 1862, *Calvados.*)

28. En exécution de l'article 2 du règlement général du 6 mars 1843, les Archivistes et employés des Archives ne peuvent, sous aucun prétexte, être détournés de leurs fonctions, ni chargés d'aucun travail étranger aux Archives; ces fonctionnaires et employés ne doivent pas être astreints à transcrire les arrêtés préfectoraux émanant des diverses divisions. (*Décis.* du 9 août 1862, *Basses-Pyrénées.*)

29. L'article 6 du même règlement porte : Nul ne pourra s'introduire dans les Archives *si ce n'est en présence* de l'Archiviste, ou de l'un des employés autorisés à cet effet. — Cependant, dans quelques Préfectures, l'Archiviste laisse pénétrer dans le dépôt des papiers modernes les employés des bureaux et leur permet d'emporter, sans le consulter et sans les enregistrer sur le livre de prêt, des dossiers d'affaires. Cette irrégularité engage la responsabilité de M. l'Archiviste qui est chargé de la conservation et de la mise en ordre des papiers anciens, comme des papiers modernes; messieurs les Préfets ne doivent pas tolérer ces infractions au règlement général. (*Alpes-Maritimes.*)

30. Le local affecté aux Archives départementales ne doit sous aucun prétexte servir à un autre usage même temporaire; les inconvénients qui résulteraient d'un pareil abus sont faciles à comprendre. (*Décis.* du 9 août 1862, *Basses-Pyrénées.*)

## Circulaire.

PUBLICATION DES INVENTAIRES-SOMMAIRES DES ARCHIVES DÉPARTE-
MENTALES (1).

Paris, le 12 août 1861.

Monsieur le Préfet, dans un rapport adressé à l'Empereur, le 20 juin 1854, j'annonçais à Sa Majesté que, conformément à mes instructions, l'Inventaire des Archives départementales antérieures à 1790 était en pleine exécution dans toute la France, et qu'il avait déjà constaté l'existence de documents intéressants et précieux.

Depuis cette époque, l'opération dont il s'agit ne s'est point ralentie. La rédaction des Inventaires des *Archives civiles* est aujourd'hui généralement terminée, et il importe de livrer, dès à présent, à la publicité, la portion de ce travail qui a déjà reçu mon approbation.

Je vous invite, en conséquence, à proposer au Conseil général, lors de sa prochaine session, d'affecter *à la publication de la première partie des Inventaires-sommaires des Archives*, la somme qui sera jugée nécessaire, sauf à la répartir sur plusieurs exercices successifs, dans le cas où les premiers frais paraîtraient trop élevés.

Les Conseils généraux se sont souvent associés à la pensée du Gouvernement en améliorant le service des Archives. J'ai l'espoir

---

(1) Cette décision de Son Exc. M. le Ministre de l'Intérieur est d'une haute importance pour les études historiques en France; nous nous empressons donc de faire connaître les instructions données par M. le comte de Persigny pour la publication, si vivement attendue, des Inventaires des Archives anterieures à 1790 déposées dans toutes les préfectures de France. Comme le dit Son Excellence : « C'est une œuvre véritablement nationale, » et le public en sera redevable à l'active initiative de M. le comte de Persigny. — Cette circulaire se trouve déjà dans un supplément de l'*Annuaire* de 1862, p. 153; nous la reproduisons à so ordre de date.

que ces assemblées comprendront l'importance d'une œuvre destinée à mettre en communication dans toute la France des documents qui intéressent à la fois l'administration, l'histoire générale du pays, celle des communes et des familles. En faisant tirer cet ouvrage à 200 exemplaires (1), vous pourrez, au moyen d'un échange entre chaque préfecture, livrer à la publicité de la France entière des richesses inconnues, intéressantes pour tous, et pouvant être consultées par les érudits. L'ensemble de ce travail constituera un monument unique, qui deviendra une œuvre véritablement nationale.

Je vous adresse ci-joint le modèle de la publication et je vous prie de me faire connaître, *aussitôt après la session*, le résultat du vote du Conseil général sur cette proposition.

Recevez, Monsieur le Préfet, etc.

*Le Ministre de l'Intérieur,*

F. DE PERSIGNY.

Pour expédition :

*Le Conseiller d'État, directeur général,*

THUILLIER.

---

### Circulaire.

PUBLICATION DE LA CORRESPONDANCE CHOISIE DE COLBERT. — RECHERCHES A FAIRE A CE SUJET.

Paris, le 30 décembre 1861.

Monsieur le Préfet, j'ai l'honneur de vous informer que M. Pierre

---

(1) Le nombre d'exemplaires a été depuis porté à 400 par décision de Son Excellence, pour tous les départements sans exception, afin de livrer 200 exemplaires au commerce, sans nuire aux échanges entre les départements et même avec certaines villes qui imprimaient aussi leur inventaire d'Archives.

Clément, membre de l'Institut, a été chargé, par l'Empereur, de publier la Correspondance choisie de Colbert.

L'intérêt historique qui s'attache à ce recueil ne saurait être mis en doute, et je désirerais qu'il vous fût possible de me transmettre, pour les communiquer à cet érudit, les renseignements dont il pourrait avoir besoin pour compléter la collection qu'il a entreprise.

Je vous prie donc, Monsieur le Préfet, de faire rechercher dans les Archives départementales, communales et hospitalières de votre circonscription administrative, les lettres émanant du Ministre dont il s'agit. La direction de cette opération sera confiée à l'Archiviste de votre Préfecture. Dès qu'elle sera terminée, vous voudrez bien m'en faire connaître le résultat, en m'adressant un état contenant, pour chacune de ces lettres, les indications suivantes :

1° Sa date, avec la mention de l'année, du mois et du jour ; 2° le nom du destinataire ; 3° son objet, en un sommaire de quelques mots ; 4° la désignation du dépôt où elle se trouve.

La publication de M. Pierre Clément étant déjà sous presse, je vous serai obligé de me transmettre ces renseignements le plus tôt possible.

Recevez, Monsieur le Préfet, l'assurance de ma considération très-distinguée.

Le Conseiller d'État, directeur général,

THUILLIER.

---

## Circulaire.

PUBLICATION DES INVENTAIRES-SOMMAIRES. — RÉPARTITION DES EXEMPLAIRES ENTRE LES DÉPARTEMENTS.

Paris, le 18 janvier 1862.

Monsieur le Préfet, l'empressement des Conseils généraux à

adopter les propositions contenues dans ma circulaire du 12 août 1861, a démontré que ces assemblées ont apprécié l'importance de la publication des Inventaires-sommaires des Archives départementales. Non-seulement le chiffre de 200 exemplaires, établi dans le but d'effectuer un échange entre toutes les Préfectures, n'a pas paru exagéré, mais encore, dans presque tous les départements, le tirage sera doublé au moyen d'une combinaison qui permettra de livrer au commerce un certain nombre des exemplaires et d'employer le produit de leur vente en déduction des frais occasionnés par la publication.

Les travaux de copie et d'impression, entrepris aussitôt après le vote des Conseils généraux, se poursuivent avec activité, et, cette année, la plupart des préfectures auront publié une ou plusieurs séries de leurs inventaires. Dès que cette première opération sera terminée, il y aura lieu de procéder à la répartition entre tous les départements de la partie déjà imprimée.

La répartition dont il s'agit sera effectuée par les soins de mon administration. Vous voudrez bien, en conséquence, m'adresser, dans le courant de l'année, cent deux exemplaires des séries publiées, tant pour le service de mon Ministère que pour l'échange à opérer avec MM. vos collègues.

Je vous recommande, Monsieur le Préfet, de continuer à donner tous vos soins à cette utile publication et d'activer la rédaction de la copie destinée à l'imprimeur.

Recevez, Monsieur le Préfet, l'assurance de ma considération très-distinguée.

*Le Conseiller d'État, directeur général,*

THUILLIER.

## Circulaire.

ENVOI D'UN EXEMPLAIRE DE LA PREMIÈRE LIVRAISON DE L'INVENTAIRE-
SOMMAIRE DES ARCHIVES DÉPARTEMENTALES DE 53 PRÉFECTURES.

Paris, le 26 août 1862.

Monsieur le Préfet, j'ai l'honneur de vous adresser la première livraison de la publication des Inventaires-sommaires des Archives départementales comprenant 53 préfectures.

Je vous rappelle que sur les 400 exemplaires dont se compose le tirage, 200 sont destinés à être livrés au commerce, le produit de leur vente devant être employé en déduction des frais d'impression; 102 sont attribués au Ministère de l'Intérieur, tant pour la répartition par voie d'échange entre les 89 préfectures, que pour la distribution à divers services de mon administration; les 98 exemplaires restants seront remis à M. l'Archiviste, qui en donnera récépissé et n'en délivrera, à titre gratuit, que sur arrêté du Préfet.

Les livraisons qui vous sont envoyées ci-jointes ont été présentées à l'Empereur, qui a daigné accorder sa haute approbation à ce premier résultat de cette œuvre importante.

Vous voudrez bien en mettre un exemplaire sous les yeux de MM. les membres du Conseil général. J'espère que la situation du budget de votre département leur permettra, cette année, d'accueillir favorablement les propositions que vous leur soumettrez relativement à l'impression des Inventaires et qu'ils prêteront leur concours à cette utile publication.

Recevez, Monsieur le Préfet, l'assurance de ma considération très-distinguée.

Pour le Ministre et par autorisation,

*Le Chef de la division du secrétariat,*

A. DE MARTRES.

NOMENCLATURE DES DÉPARTEMENTS QUI ONT FAIT IMPRIMER LA 1re LIVRAISON DE LEUR INVENTAIRE-SOMMAIRE.

Ain.
Aisne.
Allier.
Ardèche.
Ariége.
Aube.
Bouches-du-Rhône.
Calvados.
Charente.
Charente-Inférieure.
Corrèze.
Corse.
Côte-d'Or.
Côtes-du-Nord.
Doubs.
Eure.
Eure-et-Loir.
Finistère.

Garonne (Haute-).
Gironde.
Hérault.
Indre.
Isère.
Landes.
Loire.
Loire-Inférieure.
Loiret.
Lot.
Maine-et-Loire.
Marne.
Meuse.
Morbihan.
Moselle.
Nièvre.
Nord.
Orne.

Pas-de-Calais.
Pyrénées (Basses-).
Pyrénées-Orientales.
Rhin (Bas-).
Rhin (Haut-).
Rhône.
Saône (Haute-) (1).
Sarthe.
Seine-Inférieure.
Seine-et-Marne.
Seine-et-Oise.
Tarn.
Tarn-et-Garonne.
Var.
Vaucluse.
Yonne.

*Archives communales,*
VILLE DE LYON.

---

## Circulaire.

PUBLICATION DES INVENTAIRES-SOMMAIRES. — VOTE DU CONSEIL GÉNÉRAL. — RAPPEL.

Paris, le 17 octobre 1862.

Monsieur le Préfet, ma circulaire du 12 août 1861, en vous invitant à demander au Conseil général des fonds destinés à la publica-

---

(1) Sur la demande de M. le Préfet, la livraison de Saône-et-Loire n'a pas été distribuée ; la découverte, dans le greffe d'une justice de paix, de nombreux documents appartenant à la série A devant nécessiter le remaniement des feuilles imprimées.

tion des Inventaires-sommaires, vous recommandait de me faire connaître, *chaque année*, aussitôt après la session, le résultat du vote de cette Assemblée sur la proposition dont il s'agit.

Vous ne m'avez pas encore transmis ce renseignement pour 1862, et je vous prie de me le faire parvenir dans le plus bref délai possible.

Recevez, Monsieur le Préfet, l'assurance de ma considération très-distinguée.

*Le Conseiller d'État, directeur général,*

THUILLIER.

---

### Circulaire.

IMPRESSION DES INVENTAIRES-SOMMAIRES. — RECOMMANDATIONS SPÉCIALES RELATIVES A CE TRAVAIL.

Paris, le 28 octobre 1862.

Monsieur le Préfet, le Conseil général de votre département ayant voté la somme nécessaire pour commencer l'impression des Inventaires-sommaires des Archives départementales antérieures à 1790, je vous prie de charger M. l'Archiviste de préparer immédiatement la copie de ce travail destinée à être envoyée à l'imprimerie. Cet employé devra tenir compte des recommandations ci-jointes et se conformer rigoureusement au modèle qui accompagne la circulaire du 12 août 1861.

Vous voudrez bien, Monsieur le Préfet, soumettre à mon approbation le travail de M. l'Archiviste avant de l'envoyer à l'imprimerie. L'exécution typographique des Inventaires-sommaires devant être uniforme, vous devrez exiger de l'imprimeur de votre préfecture qu'il se serve des mêmes types que ceux qui ont été employés pour le modèle précité.

Recevez, Monsieur le Préfet, l'assurance de ma considération très-distinguée.

*Le Conseiller d'État, directeur général,*

THUILLIER.

---

RECOMMANDATIONS RELATIVES A L'IMPRESSION DES INVENTAIRES-SOMMAIRES.

1. L'Archiviste devra commencer *immédiatement* la copie de l'Inventaire-sommaire destinée à être envoyée à l'imprimerie, et la rédiger conformément au modèle annexé à la circulaire du 12 août 1861 et aux Inventaires imprimés et distribués cette année, notamment ceux des départements du Rhône, de la Gironde, de la Côte-d'Or.

2. Cette copie sera communiquée à S. Exc. M. le Ministre avant d'être envoyée à l'imprimerie.

3. Quant à la composition typographique, le format, la justification, le papier et les dispositions diverses, tout devra être identiquement pareil aux modèles et aux Inventaires déjà mentionnés.

4. Chaque série formera un cahier à part, ayant sa pagination spéciale. Cette mesure a pour but de permettre, dans certains départements, d'ajourner l'impression de la série B, qui doit être remaniée par suite des importantes réintégrations faites par les greffes des Cours et tribunaux.

5. Lorsqu'une série manquera entièrement dans un département, le titre de cette série n'en devra pas moins être imprimé en tête de page, ainsi qu'il suit :

## SÉRIE A.

(Actes du pouvoir souverain. — Domaines publics. — Apanage. — Famille royale.)

*Aucun document de nature à être classé dans cette série.*

## SÉRIE B.

### (Cours, Juridictions, etc.)

6. Chacun des fonds compris dans une même série sera indiqué en petites capitales au milieu de la colonne où il commencera. — La série seule devra être commencée en tête de page, et son titre imprimé en gros caractères.

7. Les sommaires auront de 15 à 20 lignes au plus. — MM. les Archivistes comprendront les inconvénients que présenterait, pour une publication de cette étendue, la faculté que chacun se réserverait de développer hors des proportions nécessaires à un Inventaire-sommaire les analyses des Archives.

8. Lorsqu'il y aura lieu d'abréger le sommaire d'un article d'Inventaire déjà approuvé par Son Excellence, M. l'Archiviste choisira pour les analyser les documents qui offriront le plus d'intérêt.

9. Si les actes analysés rappelaient des faits graves d'un caractère privé et de nature à porter atteinte à la considération de familles encore existantes, il n'y aura pas lieu de donner ces analyses. Un dossier se composant d'un certain nombre de pièces, il doit toujours s'en trouver qui puissent être citées. Dans des cas spéciaux , en référer à M. le Préfet, et, au besoin, à Son Excellence.

10. La copie destinée à l'imprimerie *doit être commencée d'urgence* et envoyée au Ministère.

11. Lorsque la publication est imprimée dans le département , les épreuves seront envoyées au Ministère en double exemplaire, après avoir été corrigées une première fois, et le *bon à tirer* n'en sera donné que sur le visa de l'administration. Un exemplaire de chaque

bonne feuille sera adressé au Ministre au fur et à mesure du tirage.

12. On indiquera avec soin le format des volumes, registres et cahiers composant chaque article; mais il ne sera pas fait mention de leur état matériel et de leur reliure, à moins qu'elle n'offre quelque particularité intéressante.

13. Les analyses des pièces devront se rattacher d'une manière correcte à la forme adoptée pour la rédaction de chaque sommaire. — On imprimera les nombres en chiffres, à l'exception de ceux qui se rapportent aux personnes, lesquels seront exprimés en toutes lettres.

14. MM. les Archivistes, en préparant leur copie, devront se conformer aux dispositions typographiques suivantes :

| | | |
|---|---|---|
| Bailliage; | Tiers État; | Sénéchaussée; |
| Conseil d'État; | Lazaristes; | Religionnaires; |
| Conseil supérieur; | M. de La Valsonnière; | Intendance; |
| Cour des Aides; | Minimes; | Élection; |
| Cour des Comptes; | Oratoriens; | Maîtrise des Eaux et Forêts; |
| Chambre des Comptes; | Le Roi; | |
| M. Du Peyrat; | Le roi Louis XV; | Hôtel-de-Ville; |
| Les E seront accentués toutes les fois qu'il y a lieu; | Le roi de France; Parlement; | Jésuites; |
| | Présidial; | Hôtel des Monnaies. |
| États Généraux; | Procureur du Roi; | |

15. Malgré ces instructions spéciales, les Inventaires-sommaires exécutés en vertu de la circulaire du 20 janvier 1854 ne devront pas moins être continués dans la forme prescrite, et être envoyés au Ministère par cahiers de six feuilles.

Le Chef de la division du secrétariat,
A. DE MARTRES.

## Circulaire.

RECHERCHES RELATIVES A L'HISTOIRE DU FOREZ.

Paris, le 22 novembre 1862.

Monsieur l'Archiviste, le 29 août dernier, S. Exc. M. le comte de Persigny a inauguré, à Montbrison, une Société archéologique fondée sous ses auspices et appelée *La Diana*, nom de l'ancienne salle des États du Forez. La Société dont il s'agit est établie pour la recherche des antiquités, la conservation des objets d'art et surtout pour la réunion de tous les documents qui peuvent intéresser l'histoire de cette province.

Les Archives des départements renferment sans doute des titres de la nature de ceux que *La Diana* a pour but de recueillir, ou dont elle se propose de constater l'existence. Je vous prie de rechercher s'il se trouve, dans le dépôt placé sous votre direction, des chartes, papiers, actes authentiques, originaux ou copies, concernant l'ancienne province du Forez.

Dans le cas où vos investigations vous amèneraient à découvrir quelques-unes de ces pièces, veuillez me le faire connaître et m'adresser, en même temps, un état sommaire indiquant la date, l'objet et l'étendue de chacun des documents.

Je ne doute pas que vous ne vous empressiez de donner votre concours à une institution, appelée à mettre en lumière l'histoire d'une vaste région de la France.

Recevez, Monsieur l'Archiviste, l'assurance de ma considération distinguée.

*Le Chef de la division du secrétariat,*

A. DE MARTRES.

5° RENSEIGNEMENTS RELATIFS A LA PUBLICATION DE LA PREMIÈRE LIVRAISON DES INVENTAIRES-SOMMAIRES DES ARCHIVES DÉPARTEMENTALES EN AOUT 1862.

AIN. — L'Inventaire de ce département est peu avancé. La série A a été publiée, et elle ne contient que quelques édits, ordonnances, etc., d'un intérêt législatif général. Les deux feuilles imprimées de la série C renferment l'analyse des papiers de l'intendance de Dombes et de quelques pièces de celle de Bourgogne ; les actes des subdélégations de Bourg en Bresse, Belley, Nantua et Trévoux.

AISNE. — Quatre feuilles ont été imprimées ; la première contient les actes du pouvoir souverain, série A, dont quelques-uns offrent un véritable intérêt administratif. La série D est complète, et concerne le Bureau d'agriculture de Laon et de Soissons. La série C est commencée (2 feuilles). On y trouve le fonds de l'intendance de Soissons, dont la correspondance administrative est assez curieuse.

ALLIER. — Cinq feuilles ont été publiées ; elles contiennent l'analyse de la série A, actes du pouvoir souverain et domaine royal. De nombreux terriers, très-utiles encore à consulter pour la topographie du Bourbonnais, s'y remarquent surtout. La série D se compose des Archives du collége de Moulins, de l'école de Brughort et des écoles charitables de Moulins. Ces deux séries sont complètes.

ARDÈCHE. — ( Voir la *Notice* ci-après. )

ARIÉGE. — ( Voir la *Notice* ci-après.)

AUBE. — (Voir la *Notice* ci-après. )

BOUCHES-DU-RHÔNE. — La première feuille de la série B a seule été distribuée. Elle se rapporte à la Cour des Comptes, Aides et Finances de Provence, l'un des fonds les plus importants de ce dépôt. Les analyses des documents sont faites avec soin et intelligence, et offriront un vif intérêt historique pour ce département.

CALVADOS. — Série A, première feuille, actes du pouvoir souverain, de l'année 1557 à 1734.

CHARENTE. — La série A est complète et n'occupe qu'une feuille. On y remarque les documents du duché d'Angoulême, qui était un apanage royal.

CHARENTE-INFÉRIEURE. — Série A. Quelques articles, formés des actes du pouvoir souverain, composent seuls cette série.

CORRÈZE. — La série C est complète ; elle se compose de quatre feuilles, donnant l'analyse des papiers de l'intendance de Limoges relatifs à ce département.

CORSE. — Ce département n'a imprimé qu'une feuille de la série C, fonds de l'intendance. La famille Bonaparte s'y trouve mentionnée.

CÔTE-D'OR. — Cet inventaire, rédigé avec grand soin, concerne exclusivement la Cour des Comptes des ducs de Bourgogne, vingt-neuf feuilles ont été distribuées ; mais, depuis cette époque, le premier volume a été complété, et il comprend soixante feuilles in-4°. Les renseignements relatifs aux arts, aux lettres et à l'histoire s'y trouvent en grand nombre. C'est l'inventaire le plus avancé et le plus curieux de ceux qui ont été entrepris cette année. Sous tous les rapports, il mérite une attention spéciale. L'auteur de ce travail est M. Rossignol, aujourd'hui conservateur du Musée Gaulois, à Saint-Germain-en-Laye.

CÔTES-DU-NORD. — La série A est complète en une seule feuille. Les pièces relatives au domaine royal de Dinan, de Saint-Brieuc, de Sugon, de Lannion, de Carhaix, de Rennes et de Ploërmel y son. analysées.

DOUBS. — La série D concerne l'Université de Besançon, le collège de la même ville, celui de Dôle, de Gray et de Montbéliard, et a fourni deux feuilles de texte. Quatre autres feuilles sont consacrées à l'intendance de la Franche-Comté, qui n'est pas terminée.

EURE. — Une seule feuille de texte a été publiée; elle contient le commencement de l'analyse des papiers de l'intendance de Rouen relatifs à ce département.

EURE-ET-LOIR. — Huit feuilles de texte, savoir : série A, une feuille relative aux actes du pouvoir souverain, en très-petit nombre; série B, sept feuilles, concernant les bailliages de Chartres, d'Épernon, de Saugis, de Hanches, du Loreau, d'Ollé, de Gallardon, du Coudray, de Montlouet, de Saint-Piat, d'Yermenonville, de Boigneville, de Senainville, d'Éclimont, de Bleury, du Gué-de-Bleury, de Bouchemont, de Baillolet, de Serqueuse, de Prunay-sous-Ablis, de Maintenon, de Pierres, de Théneuse, de Soulaires, de Saint-Prest, de Moulins-Neufs, de Gasville, de Jouy, de Gellainville, de Mainvilliers, de Prunay-le-Gillon, d'Allonnes, de Frainville, de Vovette, de Baigneaux, de Houssaye, d'Houville, de Ver-les-Chartres, de Morancez, de Montmureau, de Voisins, de Tachainville, du Plessis-Fèvre, de Luplanté, de Meslay-le-Vidame, de Fains, d'Auffains, de Baignolet, de Guillonville, Prasville-le-Hareng et la Prévôté d'Écrosnes.

FINISTÈRE. — La série A se compose d'une feuille et d'un très-petit nombre d'actes du pouvoir souverain.

GARONNE (HAUTE-). — Trois séries ont été commencées; les unes, par M. l'Archiviste, savoir : séries A et C, qui contiennent les actes du pouvoir souverain (série A complète), et le commencement de l'intendance de Languedoc, en ce qui concerne la subdélégation de Toulouse. La série B, rédigée par M. Judicis, offrira un haut intérêt judiciaire et historique. Il suffit de dire qu'elle se compose des registres du parlement de Toulouse. Trois feuilles ont été imprimées.

GIRONDE. — Dix feuilles sont publiées, savoir : série A, actes du pouvoir souverain, une feuille; série B, parlement de Bordeaux, une feuille; série C, intendance de Guyenne, huit feuilles. Les analyses des documents sont faites avec soin; on y remarque surtout une précieuse collection de lettres de cachet. La série B sera continuée, et donnera d'utiles renseignements sur les délibérations du parlement.

HÉRAULT. — Dans ces Archives, il n'existe pas de série A; la série B forme déjà cinq feuilles, composées de l'analyse des actes de la sénéchaussée, de la juridiction consulaire de l'amirauté de Cette

et de Montpellier. Ce dernier fonds est des plus curieux pour l'histoire de la navigation et du commerce maritime.

INDRE. — La série A contient les documents de l'apanage du
comte d'Artois, dont le duché de Châteauroux faisait partie.

ISÈRE. — Une feuille contient la série A, actes du pouvoir souverain ; les quatre feuilles suivantes se rapportent au Conseil
Delphinal et au parlement de Grenoble.

LANDES. — Série A, actes du pouvoir souverain, une feuille.

LOIRE. — La série A est assez importante à cause du domaine de
Montbrison, dont les Archives administratives se composaient, en
grande partie, de terriers, très-précieux encore de nos jours et utiles
à consulter pour des questions litigieuses. La série C, renfermée
dans deux feuilles, contient les papiers des élections de Montbrison,
de Saint-Étienne et les États provinciaux du frez.

LOIRE-INFÉRIEURE. — Deux feuilles sont imprimées; la série A est
peu importante. La série B, Chambre des Comptes de Bretagne, sera
des plus curieuse pour l'histoire de cette province. Une seule feuille
a été publiée.

LOIRET. — Dans la première série, dont une feuille seulement est
imprimée, se trouvent les actes du pouvoir souverain et le commencement de l'apanage du duc d'Orléans, l'une des collections les
plus importantes de ce département.

LOT. — La série A, actes du pouvoir souverain, forme deux
feuilles. On y trouve quelques documents relatifs à la famille
royale.

MAINE-ET-LOIRE. — Les séries A, C, D, sont terminées, et la série E
très-avancée : en tout onze feuilles. Ce travail, fait avec grand soin,
concerne l'intendance de la généralité de Tours et le bureau des
finances de la même ville pour la partie qui intéressait le département de Maine-et-Loire; enfin la Commission intermédiaire d'Anjou
L'Université d'Angers et les colléges de Doué et de Grez-Neuville,
série D, ne forment que quelques articles. La série E sera très-importante; elle compte déjà six feuilles relatives aux titres féodaux des
seigneurs d'Ardanne, du marquisat de l'Aubrière, baronnie d'Avrillé,

comté de Beaufort, duché de Beaupréau, seigneurie de Beauvais, baronnies de Beauvau, de Becon; seigneuries de Bellay, La Bertière, baronnie de Blou, seigneuries de Boisbignon, de Boismoreau, de Bordes, du Bouchet, de Bouillé, de La Boullaye, de Bouzillé, de Brain-sur-l'Authion, de Bray, de Bréhabert, de Brémoral, de Brézé, de Briolay, de Briffières, de Brissarthe, de Châteauneuf, du Châteigner, de Châtelais, de Chauvigné-la-Coudre, de Chavannes, de Cheffes et de Chément.

MARNE. — Série A, actes du pouvoir souverain, une feuille.

MEUSE. — Série B, deux feuilles relatives aux bailliages de Bar, de Commercy, d'Étain, et aux marquisat et bailliage de Mogneville.

MORBIHAN. — Série B, présidial de Vannes. Les trois premières feuilles de cet inventaire contenaient des analyses insuffisantes, elles ont été complétées et réimprimées. Le nouveau travail sera plus satisfaisant.

MOSELLE. — Série A, actes du pouvoir souverain et domaine royal de Lorraine situé dans le département, analysés en une feuille. La série B sera très-importante; elle contiendra le parlement de Metz, dont les premiers registres remontent à l'année 1659 seulement; une seule feuille a été publiée.

NIÈVRE. — La Chambre des Comptes du duché de Nivernais, série B, dont les plus anciens actes remontent à l'année 1188, sera importante pour ce département. Trois feuilles ont été imprimées.

NORD. — L'un des plus riches dépôts départementaux a commencé par le fonds le plus important, celui de la Chambre des Comptes de Lille. L'acte le plus ancien remonte à l'année 706, et un certain nombre d'autres, antérieurs au XIIIe siècle, forment les dix premières liasses. Ce travail est dirigé avec attention par le doyen des Archivistes départementaux. Dix feuilles ont été publiées.

ORNE. — La série A contient les actes du pouvoir souverain et l'apanage de Monsieur, composé du domaine d'Argentan.

PAS-DE-CALAIS. — Deux feuilles de publiées, relatives au Conseil provincial d'Artois, série B. Ce conseil, institué par les empereurs d'Allemagne, était encore dans la plénitude de ses fonctions lors de l'annexion de l'Artois à la France. Il réunissait une certaine autorité administrative à des pouvoirs judiciaires très-étendus. Les documents qui composent ce fonds ont dû, par conséquent, être placés dans la série B.

PYRÉNÉES (BASSES-).— La série A, actes du pouvoir souverain, est complète en une feuille. La série B, Chambres des Comptes de Pau et de Nérac, contient de précieux documents pour l'histoire de la maison de Navarre, sur Henri IV, le château de Pau, etc. Seize feuilles sont publiées. Ce travail, rédigé avec soin, offrira un grand intérêt historique.

PYRÉNÉES-ORIENTALES. — Série C, intendance du Roussillon. Une seule feuille a été publiée ; elle concerne l'extraordinaire des guerres au moment de l'occupation militaire de 1672.

RHIN (BAS-). — L'inventaire a été très-activement imprimé ; il forme aujourd'hui dix-neuf feuilles concernant : la série A, actes du pouvoir souverain, une feuille. Série C, Landvogtey (préfecture) de Haguenau, régence d'Ensisheim (dont une partie se trouve aux Archives du Haut-Rhin), intendance d'Alsace, et commission intermédiaire, neuf feuilles. Série D, trois feuilles, contenant le fonds du collége de Molsheim. La série E, qui n'est que commencée, se compose de sept feuilles, donnant l'analyse des titres féodaux du duché de Deux-Ponts.

RHIN (HAUT-). — Dix feuilles de publiées. Séries A et C., actes du pouvoir souverain et régences d'Ensisheim.

RHÔNE. — Vingt et une feuilles de publiées. Elles concernent les séries A, actes du pouvoir souverain ; série B, bailliage du Beaujolais, sénéchaussée de Lyon, maîtrises particulières des eaux et forêts du Lyonnais et du Beaujolais, juridiction du siége de la monnaie de Lyon ; série C, intendance de Lyon, élection de Lyon, élection de Villefranche, douane de Lyon, gabelles du Lyonnais, consignations judiciaires du Lyonnais, bureau des finances et assemblées provinciales de la généralité de Lyon.

SAÔNE (HAUTE-). — Huit feuilles de publiées. Série A, domaine royal; série B, bailliages de Champlitte, de Faucogney, de Fouge-rolles, de Gray.

SARTHE. —Série A, domaine royal, comté du Maine, une feuille ; série B, sénéchaussée et siége présidial du Maine, deux feuilles ; série C, subdélégations du Mans, de Mamers, élection de Château-du-Loir.

SEINE-INFÉRIEURE. — Douze feuilles de publiées. Série C, intendance de la généralité de Rouen. C'est le commencement d'un travail considérable et très-important sur l'administration civile de la Normandie.

SEINE-ET-MARNE. — Les quatre premières séries sont terminées ; cet inventaire donne l'analyse des actes du pouvoir souverain, domaine royal et famille royale, série A. La série B contient les justices seigneuriales, les bailliages et prévôtés ; la série C l'intendance de la généralité de Paris en ce qui concerne Seine-et-Marne, les Élections d'Étampes, de Meaux, de Melun, de Montereau, de Nemours, de Provins, les assemblées provinciales et les bureaux intermédiaires (sept feuilles). La série D se compose des colléges du cardinal Lemoine, de Beauvais, de Louis-le-Grand, de Juilly, de Montigny, de Navarre, des Oratoriens de Provins, de Clermont, d'Amiens, de Corbeil et des Oratoriens de Raroy.

Depuis cette époque, l'inventaire de la première partie, Archives civiles, a été entièrement terminé.

SEINE-ET-OISE. — Série A, ministère de la maison du Roi, en douze feuilles, très bien rédigées, et contenant la description d'une importante collection de plans des maisons royales, et des papiers de la maison et apanage de Monsieur, frère du Roi.

TARN. — Série A, actes du pouvoir souverain et domaine royal, en deux feuilles.

TARN-ET-GARONNE. — Série A, actes du pouvoir souverain, en une feuille.

VAR. — Série B, greffe des insinuations de Draguignan, une feuille.

VAUCLUSE. —Série C, États provinciaux du Comtat, une feuille.

YONNE. — Série A, domaine royal d'Auxerre; série E, titres de familles, classés par ordre alphabétique de nom de famille, de A à C.

Telles sont les premières livraisons, distribuées aux quatre-vingt-neuf départements le 1er août 1862. Depuis cette époque, l'impression des inventaires a continué activement, et nous croyons pouvoir annoncer la mise en vente de quatre volumes, savoir : *Côte-d'Or*, tome Ier de la Chambre des Comptes ; *Seine-et-Marne*, première partie de l'inventaire, Archives civiles, séries A, B, C, D et E ; *Basses-Pyrénées*, série B, Cour des Comptes de Pau et de Nérac ; *Rhône*, Archives civiles, première partie de l'inventaire.

### Archives Communales.

L'inventaire des Archives de la ville de Lyon est sous presse, la série A est terminée, et la série B très-avancée ; mais une feuille seulement de la première série a été distribuée.

Depuis cette époque, les villes de Bayonne, d'Avignon, de Boulogne-sur-Mer, de Tarascon, de Saint-Maixent, etc., ont mis sous presse leurs inventaires.

### Archives des Maisons hospitalières.

Les Quinze-Vingts de Paris et l'Assistance générale de la même ville ont déjà plusieurs feuilles de tirées ; d'autres inventaires d'établissements du même genre seront mis sous presse cette année.

---

### 6° NOTICES SUR LES ARCHIVES DÉPARTEMENTALES.

(Département de l'Ain, voyez *Manuel*, p. 347 ; — Aisne, *Annuaire* de 1862, p. 97 ; — Allier, *Annuaire* de 1862, p. 106 ; — Basses-Alpes, *Annuaire* de 1862, p. 111 ; — Hautes-Alpes, *Annuaire* de 1862, p. 115. — La Notice sur les Archives des Alpes-Maritimes paraîtra ultérieurement, ce dépôt n'étant pas encore classé.)

### ARDÈCHE.

Les Archives des États du Vivarais furent transportées à Privas en 1790 ; et, en l'année 1793, après avoir incendié presque tous les documents provenant des maisons religiéuses et de la famille de Vogué, l'autorité administrative fit réunir aux papiers des États les débris de tous les actes que l'on recueillit çà et là dans les diverses administrations civiles supprimées : on en forma les Archives du département. Malheureusement, un incendie vint encore appauvrir ces collections en l'année 1803. Aussi, ne reste-t-il aujourd'hui dans le département de l'Ardèche, en fait d'Archives antérieures à 1790, que :

208 plans, 349 liasses ou dossiers, 377 chartes ou titres sur parchemin, 403 registres ou volumes, parmi lesquels 210 registres des notaires. Ces documents proviennent de l'Intendance de Montpellier, des États du Vivarais, du collége d'Aubenas, de deux familles de ce département, des notaires et tabellions; du chapitre cathédral de Viviers, du chapitre collégial d'Annonay; de huit cures ou chapelles; des abbayes (hommes) de Chambons, du Mazan, de Cruas et de la Sauve-Bénite, réunies à Saint-Didier en Velay; des prieurés de Charaix, Mauves, Nieigles, Rochemaure et Saint-Sauveur; de la Chartreuse de Bonnefoi; des abbayes (femmes) de Sainte-Claire d'Annonay, de Sainte-Claire d'Aubenay, de Soyons, de La Villedieu; des couvents de Notre-Dame d'Annonay, de Notre-Dame de l'Argentière, de Saint-Joseph d'Aubenas, de Sainte-Marie d'Annonay, de Sainte-Ursule de Bonlieu, de Sainte-Ursule de Bourg-Saint-Andéol, de la Visitation de Bourg-Saint-Andéol, des Cordeliers et des Dominicains d'Aubenas, des Barnabites de Bourg-Saint-Andéole, des Augustins de la Voult et des Oratoriens de Joyeuse.

Les cartulaires sont au nombre de trois, savoir : cartulaire de l'abbaye de Mazan (*Mansum Adæ*), in-folio, parchemin, 212 feuillets, de la fin du xve siècle, contenant la transcription de 61 pièces. Il renferme l'acte le plus ancien des Archives départementales de l'Ardèche : c'est une transaction de l'année 1196, entre l'abbaye de Mazan et celle de Savigny, au sujet des dîmes de Torenchée. — Cartulaire des Cordeliers d'Aubenas, in-4°, papier, 660 feuillets, du xviiie siècle, contenant la transcription de 152 pièces, des années 1294 à 1671 (partie en latin). — Cartulaire des Dominicains d'Aubenas, petit in-folio, papier, 167 feuillets, transcrit en majeure partie en 1643, contenant la copie de 149 pièces, des années 1264 à 1781 (une partie en latin).

Parmi les autres documents qui méritent une attention spéciale, on doit citer surtout : les délibérations (originaux ou copies certifiées) des États particuliers du Vivarais, pendant une période de deux cent quatre-vingt-quatre ans (1505 à 1789), sauf une lacune très-regrettable de vingt-deux ans (nous en reparlerons). Quoique très-pauvres, ces Archives ont cependant été utilement consultées dans un procès relatif aux terres provenant de l'abbaye de Mazan.

Les fonds les plus importants des Archives civiles sont ceux :
1° *de l'intendance ;* il se compose des procès-verbaux d'éva-
luation des terrains et bâtiments des communes, depuis 1548 ; de
l'état des biens abandonnés et incultes en Vivarais au xviii° siècle ;
de l'état des revenus patrimoniaux des communes. On y remarque
également les règlements des dépenses et des dettes des communes ;
les rôles des impositions ; les vérifications des titres de noblesse par
les commissaires royaux, depuis 1654 ; des cartes des canaux, rivières, chemins, îles du Rhône, etc., et des procès-verbaux de bor-
nage. Mais les mémoires relatifs aux industries de la soie et du papier
offrent un véritable intérêt administratif, car ces industries forment
encore de nos jours la seule richesse du département de l'Ardèche.

2° *Des États particuliers du Vivarais,* depuis le XVI° siècle. Cette
assemblée avait eu à défendre tous les droits civils et politiques de
cette localité ; aussi remarque-t-on dans cette collection des mémoires et documents sur les immunités, priviléges et franchises de diverses communes ; des lettres de convocation des États particuliers du Vivarais ; les procès-verbaux des délibérations des États ; les
règlements généraux sur la composition et la discipline des États, les
tarifs, compoix généraux et particuliers ; les comptes rendus par les
receveurs des grandes impositions depuis 1573 ; les doléances depuis
1460 ; les procès-verbaux des pertes de récoltes, inondations, etc., depuis 1684 ; les jugements des États depuis 1589 ; les décisions relatives aux travaux concernant la navigation et les précautions prises
contre les inondations. Les autres renseignements que l'on peut encore puiser dans ce fonds concernent les contagions, les épizooties,
l'achat et la distribution de grains pour le peuple en temps de di-
sette ; les décisions relatives à l'agriculture, aux haras, à la recherche
des mines et minéraux, aux eaux et forêts, à la gruerie, et autres
juridictions y ressortissant.

L'inventaire de ce département est sous presse ; la première livraison a même été distribuée. Elle se compose de quelques feuilles
du fonds de l'intendance de Montpellier. Les documents qui y sont
analysés se rapportent aux gentilshommes verriers ; aux manufactures de drap d'Aubenas, de toile de coton de la même ville ; à l'industrie des soies ; aux papeteries, aux fabriques de briques et car-

reaux; à l'introduction des moulins hollandais, à la distillerie des vins, aux secours accordés à M. Laborie, qui avait établi une manufacture de faïence à Salvas; au collège d'Aubenas, tenu par les Jésuites, et les subventions qui lui sont accordées; à l'imprimeur, Chapuy; aux premiers essais de ballons aérostatiques des frères Montgolfier; à la récompense accordée au chirurgien Blisson, pour avoir désinfecté les maisons de Salvas; à la mise en ordre des Archives et à la présentation de leur inventaire aux États du Vivarais.

Viennent ensuite les documents relatifs aux offres de la province du Vivarais d'une somme de 10,000 francs, pour s'exonérer du droit de l'armorial; aux familles de Vogué et de Ventadour, et à leurs droits, priviléges et prérogatives; aux droits attachés à la qualité de baron de Tour en Vivarais; tous les jugements rendus par l'intendant pour maintenir les familles du Vivarais dans la jouissance des priviléges de noblesse et les inscrire au catalogue des vrais nobles, après avoir justifié de leurs titres (cette maintenue de noblesse est des plus curieuses à consulter pour les familles anciennes du Vivarais); enfin les listes des usurpations de noblesse et la proposition de M. Madier de Montjau d'admettre les fils des membres titulaires à voter aux Assemblées des États.

Citons encore les pièces concernant la capture d'une bande de brigands (probablement des contrebandiers), et d'autres malfaiteurs qui infestaient le pays; à la prime accordée pour la destruction de la bête du Gévaudan; aux ordres, relatifs à la contagion de 1610; à la trahison de Clauze; aux rebelles qui menaçaient Viviers; aux Religionnaires qui voulaient envahir Aubenas, etc.; aux secours accordés à la ville de Tournon pour des travaux destinés à la préserver des inondations; aux secours pour dommages causés par les inondations attribués aux communes de Charnos, Sampzon; à l'exécution des travaux publics; aux routes et chemins de Saint-Fortunat à Combauvert, de Tournon à Saint-Just; au pont d'Aubenas, et aux terrains achetés pour le construire.

Enfin, mentionnons les documents qui concernent les travaux d'art exécutés sur les routes traversant diverses communautés;

pont de Salomon ; plans, cartes, etc., du cours des rivières d'É-
rieu, d'Ardèche; plans des villages de Teil, Meisse, Baix, Lavoulte;
mémoires relatifs à la navigation : rivières de Lauzon, du Rhône, de
la Robine de Narbonne, canal des Deux-Mers, canal de Languedoc, îles
du Rhône contestées entre la Provence et le Languedoc; propriété du
cours du Rhône revendiquée par le roi de France, etc.; les eaux de
Selles et de Saint-Georges; les mines de charbons de Prades; les
biens communaux de Lorges, Grospierre, Comps, Chambonas, Man-
dolas; les terres abandonnées et incultes; les biens patrimoniaux des
communes; les dettes des communes; état des feux de l'évêché de
Viviers, compoix, rôles des impositions ordinaires et extraordi-
naires; levées de soldats provinciaux; les bacs et péages, etc.

Cet inventaire, d'une incontestable utilité pour l'histoire et l'administration du département de l'Ardèche, se continue activement,
et sera probablement terminé cette année.

### ARDENNES.

Lors de l'invasion autrichienne, en septembre 1792, une partie
des Archives du district fut emportée dans d'autres localités voisines de ce département; mais tout ce qui ne put être en-
levé fut livré aux flammes par les soins des armées ennemies. Au
mois d'octobre de la même année, les Prussiens envahirent le district de Grandpré et brûlèrent toutes les Archives qu'ils y trouvè-
rent. Les demandes de parchemin, adressées aux autorités administratives du district des Ardennes, complétèrent, en l'an II et en
l'an III, les désastres éprouvés par les Archives du département,
car le zèle révolutionnaire y fit joindre l'envoi, au comité de salut
public, à Paris, des plans et cartes concernant cette circonscription
administrative. Enfin, en 1814, ce qui restait de documents anciens
dut être transporté à la citadelle de Mézières. A partir de cette époque jusqu'en 1840, les Archives furent transférées successivement
dans tous les bâtiments appartenant à l'État; un local spécial ne
leur fut définitivement affecté qu'en l'année 1849. Dès lors, un Archiviste s'occupa du classement des pièces de toute origine qui pouvaient encore rester après de si déplorables pertes. Elles étaient

peu nombreuses, et, comme on doit bien le penser, elles provenaient des débris d'un grand nombre de fonds différents. Aujour-
d'hui, on ne compte dans les Archives des Ardennes que 117
registres ou volumes, 118 plans, 5 atlas, 325 liasses, 829 chartes
isolées ou titres sur parchemin. Le document le plus ancien remonte à l'an 722 (copie). Les fonds principaux sont ceux de
l'Intendance de Champagne, de la Généralité de Châlons, des bailliages de Sedan, du marquisat de Buzancy, du collège de Charleville, de la principauté d'Arches et de Charleville, des seigneuries
de Château-Regnault, Sedan, des duchés de Bouillon et de Guise, de
Saint-Menges, marquisats d'Arson et de Buzancy. Les Archives religieuses se composent des fonds des chapitres de l'église de Braux,
de Notre-Dame d'Ivoy-Carignan, de Saint-Pierre de Mézières, du
séminaire de Sedan, des prêtres de la Mission de la même ville, de
nombreuses cures et chapelles; enfin des abbayes de Bonne-Fon-
taine, de Chaumont-la-Piscine, d'Élan, de Landèves, de La Val-Dieu,
de La Val-Roi, de Mouzon, de Sept-Fontaines et de Signy; de la
Chartreuse de Mont-Dieu, etc.; des couvents des Capucins de Charleville, des Prémontrés et de nombreux prieurés.

L'inventaire sommaire a été rédigé par l'ancien Archiviste,
M. Annotel; mais ce travail doit être complété et amélioré avant
d'être publié. De plus, les greffes des tribunaux, les administrations
des domaines et des forêts ont fait de nombreuses restitutions au
dépôt départemental, qui nécessiteront un travail nouveau. L'état du
classement de ces Archives est cependant assez avancé pour que nous
puissions citer quelques documents intéressants qui y sont conservés, notamment dans les papiers judiciaires : les décisions relatives
aux pâturages, à la chasse, à la pêche et aux blasphémateurs. Dans
le fonds de la subdélégation de Château-Porcien, on remarque les
locations des prés usagers, la construction de divers presbytères,
les plans anciens de Château-Porcien, les actes relatifs à l'érection
d'un monument sur la place du château de cette ville en l'honneur
de Louis XV, la nomination d'un garde Archiviste de la ville de
Rethel, et d'un jury des étoffes de Sedan; le canal de Champagne
occupe une place importante dans cette subdivision des Archives départementales, car on y retrouve tous les devis et détails estimatifs

des dépenses dont il fut l'objet. Ensuite se présente, avec des actes non moins nombreux, le canal de la Haute et de la Basse-Meuse, à Sedan, et les digues et déversoir de la Meuse, qui durent être construits à la même époque, depuis Donchery jusqu'à Sedan; des ouvrages d'art très-importants furent exécutés en même temps, et les communes participèrent aux charges qui en résultèrent. La ville de Mézières obtint aussi l'autorisation d'entreprendre de nombreux travaux d'utilité publique. Les assemblées provinciales convoquées, après avoir fixé les cotisations de chaque localité en matière d'impôts, s'occupèrent aussi des établissements d'utilité publique : les écoles de filles à Revin, à Vouzières; les manufactures de drap à Sedan, d'armes de guerre à Mohon, les pépiniéristes, etc., reçurent également des encouragements. Les pauvres ne furent point oubliés, et les secours pour pertes de bestiaux se multiplièrent dans les années désastreuses. Les haras, les routes, les ponts absorbèrent également des sommes considérables; tout ce qui concernait les ponts et chaussées fut classé dans les travaux ou articles de charité.

L'instruction publique est représentée dans ces Archives par les documents relatifs au collége de Charleville, fondé en 1620 par Charles de Gonzague, duc de Nivernais, confirmé et doté par Louis XV en 1765. Le collége de Sedan avait déjà été établi par Louis XIV en 1663; ceux de Donchery, de Rethel et des Saints-Apôtres de Revin sont moins anciens.

Les titres féodaux peuvent être utilement consultés pour des questions d'abornements, de forêts, terres et cours d'eau; des arpentages de différentes terres sont complétés par des atlas et plans qui accompagnent les aveux et dénombrements, les baux de seigneuries, de moulins et de terrains divers, et quelquefois des procédures pour contestations sur la valeur des propriétés, ou sur leur étendue. Les contrats de mariage, les généalogies, les testaments, et autres actes notariés en fort grand nombre, intéressent les familles originaires du département des Ardennes. On y trouve également des maintenues de noblesse et des titres de propriétés.

Les Archives religieuses représentent un très-grand nombre d'établissements supprimés en 1790; malheureusement ce ne sont que de bien pauvres débris de leur ancienne splendeur. Les documents qu'on peut y remarquer concernent surtout l'administration des biens de mainmorte, quelques délibérations capitulaires, un petit nombre d'actes relatifs aux réparations et reconstructions d'autels et de chapelles, des discussions sur les nominations à des bénéfices, au droit de bourgeoisie, quelques fondations pieuses, enfin quelques bulles des papes Alexandre IV, Alexandre VII, Boniface VIII, Clément IV, Clément VIII, Grégoire IX, Grégoire X.

Nous ne pensons pas nous éloigner de la vérité en disant qu'il ne reste des Archives religieuses que les titres utiles relatifs aux dîmes, terres et autres propriétés et revenus des établissements consacrés au culte.

## ARIÉGE.

Les Archives de ce département ont eu à supporter un violent incendie en 1804, qui a détruit une grande partie des documents historiques, les registres de l'état civil et les papiers des bureaux de la préfecture; quelques chartes relatives aux évêchés de Mirepoix et de Pamiers, aux comtés de Foix et aux États du pays de ce nom ont seuls été sauvés. En 1846, ces Archives furent transportées dans un local qui était antérieurement occupé par l'École normale primaire et qui n'avait qu'un défaut, c'était d'être trop restreint; on a dû alors, faute d'espace, entasser sur les planchers un grand nombre d'actes. Depuis cette époque, l'administration s'est occupée à remédier, autant que possible, à ce fâcheux état de choses, en établissant de nouvelles tablettes et en procédant à la vente de tous les papiers reconnus inutiles.

Le classement des documents antérieurs à 1790 est aujourd'hui terminé, mais l'inventaire n'est pas encore complétement rédigé. Ces Archives se composent de 163 registres ou volumes, 25 plans, 60 liasses et 17 chartes isolées ou titres sur parchemin. La pièce la plus ancienne remonte à 1034. Les principaux fonds sont ceux de l'intendance de Roussillon, de l'évêché et du chapitre cathédral de Pamiers, de l'évêché de Mirepoix, de l'abbaye de Lezat, et de l'abbaye de Sainte-Croix. On peut citer parmi les principaux documents :

*Liève des Oblies* ou censives perçues par le chapitre de Pamiers sur diverses maisons de la ville et des environs (1371 à 1680); 6 registres, dont les plus anciens sont rédigés en langue vulgaire de cette localité.

*Liève des Oblies* (1445) du chapitre de Pamiers. — Délibérations Capitulaires de Pamiers (1547 à 1785), 13 registres.

État des députés nommés pour assister aux funérailles de Marguerite de Valois, reine de Navarre, en 1549.

Établissement des Jésuites à Pamiers, par le R. P. Edmond Ange; il y fonda le second collége de l'ordre qui fut établi en France (1559).

*Inventaires des Archives du château de Foix* (4 cahiers).

Reconnaissances, ventes, échanges entre les comtes de Foix, les seigneurs de Barcelone, de Tolède et autres pays de l'Espagne, à partir de 1065. — Enfin, quelques actes relatifs aux guerres entre Simon de Montfort et les comtes de Foix, etc., etc.

Il n'existe pas de Chartes originales; mais on peut citer, parmi les copies importantes de ce dépôt, une *Relation du martyre de saint Volusien* (15e année de Clovis) transcrite en l'année 1384, d'après un texte prétendu original, et certifiée par Hugo, abbé de Saint-Volusien.

1062. Testament de Roger, comte de Foix.

1208. Donation par Pierre, roi d'Aragon et comte de Barcelone, à Raymond Roger, comte de Foix, qui lui rend hommage.

1299. Testament de Roger Bernard, comte de Foix.

1302. Inventaire fait par Marguerite de Foix, vicomtesse de Béarn et de Castelbon, des biens laissés par feu Roger Bernard, son mari, à son fils Gaston.

1344. Roger, comte de Foix, rend à Volusien des biens qu'il lui avait enlevés.

1346. Enquêtes faites en la vallée d'Andorre sur les droits, émoluments et justices des comtes de Foix dans la Catalogne et l'Aragon.

1412 à 1449. Registre, en langage vulgaire, contenant les ordonnances de Jean et de Gaston, comtes de Foix, pour la réformation de leurs domaines.

Mentionnons encore : deux lettres signées de Catherine de Navarre (Catalina); cinq lettres signées de Henri IV, dernier comte de Foix; une autre par Marie (de Medicis), régente, en 1611; une lettre signée de Louis XIII, du 14 mai 1610, annonçant l'assassinat de Henri IV, etc.

L'inventaire des Archives de l'Ariége a été mis sous presse cette année; mais la série A a été seule imprimée. Elle se compose de cinq articles, dont les principaux documents sont des édits, lettres patentes des rois Louis XIII, Louis XIV et Louis XVI, confirmant à perpétuité dans leurs franchises et libertés tous les possesseurs de terres et héritages en franc alleu, franc bourgage et franche bourgeoisie ; — concernant l'aliénation des droits de chasse et de pêche appartenant au Roi ; — réglant l'indemnité qui devait être payée aux seigneurs pour les biens pris dans leurs censives pour les ouvrages publics ; — concernant la suppression de certains offices municipaux ; — révoquant tous les affranchissements des tailles et autres impositions ; — ordonnant la vente de la vaisselle et autres ouvrages d'or et d'argent ; — réglant le contrôle des actes de notaires ; — prescrivant des peines contre les duels ; — ordonnant qu'il ne sera fait aucune nouvelle plantation de vignes dans le comté de Foix ; — portant règlement pour le commerce des fers dans le même comté ; — relatifs aux droits sur les fers noirs à toutes les entrées du royaume ; — portant règlement pour la comptabilité des pays dépendant de l'ancien domaine de Navarre ; — supprimant le droit de subvention sur les vins dans le pays de Foix ; — permettant aux États de Foix d'emprunter 360,000 livres pour la construction des chemins, etc.

La publication de l'inventaire sera probablement terminée cette année.

## AUBE.

Nous ne saurions préciser l'importance des pertes qu'ont éprouvées les Archives de l'Aube par l'effet des mesures violentes qui, au début de la révolution française, ont amené la destruction si regrettable de tant de titres anciens. Cependant, la tradition nous a conservé le souvenir des feux de joie qu'alimentèrent, sur les places publiques de Chamoy et de Dampierre, les Archives seigneuriales de ces deux localités. On sait que la maison de Dampierre, de l'Aube, une des plus célèbres maisons féodales du moyen âge, a fourni une dynastie de sires de Bourbon et une dynastie de comtes de Flandre. C'est à peine s'il subsiste aujourd'hui quelques débris des témoignages de cette antique grandeur, réunis autrefois dans les Archives seigneuriales de Dampierre; c'est à peine si l'on a sauvé quelques restes de toutes les richesses manuscrites conservées au donjon de Dampierre, il y a soixante-dix ans.

Ces désastres ne sont pas les seuls qu'aient subis les Archives de l'Aube. En 1814, tandis que de tous côtés, dans le département, les Archives communales périssaient incendiées par les ennemis vainqueurs, on crut devoir déménager en toute hâte une quantité considérable des papiers déposés à la préfecture, et les transporter dans les fourgons de l'armée française à Nogent-sur-Seine, où le feu allumé par les troupes étrangères les consuma, avec une partie de la ville.

Enfin, en 1830, *cent treize* kilogrammes de parchemins furent vendus, avec l'autorisation de l'administration, à un relieur de Troyes, qui employa la presque totalité en couvertures de livres. Un tout petit nombre seulement de ces parchemins, sauvés par la main d'un brocanteur intelligent, subsistent aujourd'hui; les uns, suivant le sort de tant de trésors artistiques ou paléographiques, sont passés en Angleterre; d'autres ont été achetés par l'administration de la Bibliothèque impériale où on peut les consulter; un petit nombre se trouve dans des cabinets d'amateurs français; le reste est rentré aux Archives de l'Aube : car, il y a une dizaine d'années, le département, qui avait tiré 500 francs de cette vente déplorable, a racheté, pour la somme de 600 francs, un centième peut-être des parchemins qu'il avait vendus!

Nous ignorons combien de documents anciens avaient pu être compris dans une vente de 1,072 kilogrammes de papiers faite sans inventaire en 1828.

Après avoir été réunies, pendant cinquante ans environ, dans les greniers de la préfecture, les Archives de l'Aube étaient, en 1847, descendues en grande partie au rez-de-chaussée de cet édifice, dans un local tellement humide, que les papiers y pourrissaient. Le Conseil général comprit qu'il était indispensable d'affecter aux précieuses collections échappées à tant de causes de destruction un logement où leur conservation fût désormais assurée. Mais, en attendant qu'un bâtiment spécial fût affecté à ce service, le grenier de la halle aux blés fut choisi comme local provisoire, parce qu'il présentait seul un espace suffisant pour recevoir un dépôt encore si considérable. Le transport des Archives, dans ce local, s'effectua cependant sans désordre, grâce au concours des soldats de la garnison qui formèrent la haie depuis la préfecture jusqu'à la halle. Elles y restèrent jusqu'en 1853.

Le bâtiment dans lequel sont aujourd'hui placées les Archives de l'Aube consiste en une salle haute de 10 mètres, longue de 27, large de 14 ; à chacune de ses quatre faces correspond un triple rang de casiers, dont le rayonnage présente un développement de 5 kilomètres ; deux galeries superposées permettent d'en atteindre les parties supérieures. Ce bâtiment est isolé de tout autre édifice. Le logement du concierge et les bureaux en sont séparés. Le prix de revient du tout est d'environ 200,000 francs.

Tous les documents antérieurs à 1790 sont estampillés, à la réserve d'une partie des liasses judiciaires, dont la réunion aux Archives de l'Aube remonte à deux années seulement. Quelques fonds rétablis dans l'ordre des anciens inventaires ont toutes leurs pièces numérotées.

Les documents antérieurs au xiiᵉ siècle sont à peu près nuls. Le principal fonds d'Archives civiles, celui du prince Xavier de Saxe, seigneur de Pont-sur-Seine, qui comprend 385 liasses et cartons, ne renferme aucune pièce plus ancienne que le xvᵉ siècle. Les trois fonds ecclésiastiques les plus importants, savoir : celui de la cathédrale Saint-Pierre de Troyes, qui comprend 25 cartons, 325 liasses et 1,433 registres ; celui de la collégiale Saint-Étienne de Troyes, qui comprend 135 liasses ou cartons et 1,931 registres ; celui de Clairvaux, qui comprend 325 cartons, 49 liasses et 192 registres, ne remontent pas au delà du XII siècle. C'est au XIIᵉ siècle qu'ont été fondés les chapitres de Saint-Étienne de Troyes et de

Saint-Maclou de Bar-sur-Aube, les abbayes de Bassefontaine, de Beaulieu, de Larivour, etc. Les Archives de l'abbaye de Notre-Dame-aux-Nonnains ont été brûlées à la même époque. Trente-six fonds contiennent des documents du XII<sup>e</sup> siècle, cinquante-quatre en contiennent du XIII<sup>e</sup>, cinq seulement remontent plus haut que le XII<sup>e</sup> : ce sont ceux des abbayes de Montier-la-Celle, de Montiéramey et de Nesle-la-Reposte, des prieurés de Bar-sur-Aube et de Ramerupt. Voici la liste des pièces antérieures au XII<sup>e</sup> siècle que ces fonds renferment. Ces pièces sont au nombre de dix-huit.

Fonds de Montier-la-Celle. 1° Diplôme de Clotaire III, 663, copie, publié par Camuzat, *Promptuarium*, f° 19, depuis réimprimé plusieurs fois ; 2° Charte de Chelembert, 754, copie, publié par M. Vallet de Viriville, *Arch. hist. de l'Aube*, p. 393-394 ; 3° Diplôme de Charles le Chauve, 856, copie, publié par Camuzat, f° 20, v°, par D. Bouquet, VIII, 547, et dans notre *Hist. des comtes de Champagne*, t. I, 442-443 ; 4° Diplôme du même, 877, copie, publié par Camuzat, f° 21, v°, D. Bouquet, VIII, 659, et dans notre *Hist. des comtes de Champagne* t. I, p. 444-445 ; 5° Charte d'Henri I<sup>er</sup>, roi de France, 1048, copie, publié par Camuzat, f° 22-23, depuis réimprimée plusieurs fois ; 6° Charte de Philippe I<sup>er</sup>, 1071, confirmant la donation de l'église Saint-André à l'abbaye de Montier-la-Celle par l'évêque de Troyes, original, inédite ; 7° Charte du même, même année, original, publiée par Camuzat, f° 23-24.

Fonds de Montiéramey. 1° Diplôme de Charles le Chauve, 854, original, publié avec quelques incorrections par Camuzat, f° 283-284 et depuis réimprimé plusieurs fois, notamment dans notre *Hist. des comtes de Champagne*, t. I, p. 438-440 ; 2° Diplôme du même, 871, original, publié par Camuzat, f° 285, depuis réimprimé plusieurs fois ; 3° Diplôme du même, 877, copie, publié dans notre *Voyage paléographique dans le département de l'Aube*, p. 67-68 ; 4° Bulle de Jean VIII, qui déclare l'abbaye de Montiéramey exempte de la juridiction épiscopale, copie, publié par nous dans la *Bibliothèque de l'école des Chartes* ; 5° Diplôme de Karloman, 884, original, publié dans les deux éditions de *Gallia christiana*, 1<sup>re</sup> édit., t. IV, pages 79-80 ; 2<sup>e</sup> édit., t. XII, inst. col. 249 ; 6° Diplôme du roi Eudes, 892, original, publié dans les deux éditions du *Gallia christiana*, 1ʳᵉ édit., t. ɪᴠ, p. 80; 2ᵉ édit., t. xɪɪ, inst. col. 250.

Fonds de Nesle-la-Reposte. Diplôme de l'empereur Lothaire, copie, publié avec beaucoup de fautes par D. Martin Rethelois, *Chroniques générales de l'Ordre de Saint-Benoît*, et réimprimé dans notre *Voyage paléographique*, p. 16-20.

Fonds des prieurés de Bar-sur-Aube. 1° Charte de Thibaut, 1ᵉʳ comte de Champagne, 1076, original, publiée avec quelques incorrections par les Bollandistes, septembre vɪɪɪ, 733 et réimprimée dans notre *Hist. de Bar-sur-Aube*, p. 134-135; 2° Charte de Robert, évêque de Langres, 1088-1099, original, publiée ibid., p. 138-139; 3° Charte du même, 1091, original, publiée ibidem, p. 139-140.

Fonds du prieuré de Ramerupt. Charte d'André, comte de Ramerupt, vers l'année 1082, original, publiée par nous dans la *Bibliothèque de l'École des Chartes*.

Les Archives de l'Aube se sont enrichies à diverses époques, savoir :

1° De documents donnés par MM. Arnaud, Harmand, de Barthélemy, Bordier, Clément-Mullet, Contassot, Arson, Jolly, Rivière ;

2° D'une collection précieuse de chartes et de sceaux, acquises à la vente du cabinet d'antiquités de M. Arnaud ;

3° D'un compte de l'office des anniversaires de la cathédrale de Troyes (1413-1414) et d'un compte de cellérier de la même église (1417-1418), acquis à la vente de M. Monteil ;

4° D'un grand nombre de documents recueillis, depuis quelques années, soit dans les Archives des communes et des sous-préfectures, soit dans celles de diverses administrations ou des tribunaux ; tels sont : le second volume du cartulaire de Clairvaux, une liasse de chartes de la même abbaye, le second volume du terrier de Beaufort, le terrier de Beurey, trouvés dans les Archives communales de Bar-sur-Aube ; une partie des Archives de l'abbaye de Nesle, trouvée à l'Hôtel-de-Ville de Villenauxe ; le cartulaire de l'hôpital de Bar-sur-Aube, trouvé à la sous-préfecture de Bar-sur-Aube ; un cartulaire de la ville de Troyes ; les Archives de la seigneurie de La Grève, trouvées à la sous-préfecture de Nogent-sur-Seine ; l'atlas des plans de la seigneurie de Nogent-sur-Seine, trouvé à la mairie de cette ville ; les Archives de la fabrique et du collège de Chaource,

trouvées à la mairie de Chaource; les Archives de la justice d'Arrentières, trouvées à la mairie d'Arrentières; la plus grande partie des
Archives des eaux et forêts de Troyes, cédée par l'administration
des forêts; les matrices des vingtièmes, cédées par l'administration des
contributions directes; les Archives hospitalières de Troyes, cédées
par l'administration des hospices de Troyes; un nombre considérable de registres et de liasses, provenant des anciennes juridictions
du département, cédés par S. Exc. M. le Ministre de la Justice, et
enlevés des greffes de Troyes et de Bar-sur-Seine, etc., etc. L'ensemble de ces acquisitions nouvelles forme un total de 3,144 registres et 2,036 liasses. Parmi les registres, on compte huit cartulaires, dont un du XIIIᵉ siècle et trois du XIVᵉ. Les pièces
copiées dans ces cartulaires remontent jusqu'au IXᵉ siècle. Les
liasses contiennent un nombre considérable de pièces originales
du XIIᵉ siècle.

En 1848, on évaluait à 7,652 le nombre des chartes ou titres sur
parchemin conservés aux Archives de l'Aube. Il est impossible de
vérifier l'exactitude de ce chiffre, puisque la plupart de ces documents ne sont pas numérotés. Mais les progrès du classement,
depuis 1848, nous permettent de faire au *Tableau général par fonds*
publié à cette date, quelques rectifications qui ne sont pas sans
importance. Suivant ce travail statistique, le nombre des registres
antérieurs à 1790, conservés aux Archives de l'Aube, est de 1,942.
Aujourd'hui, le nombre des registres antérieurs à 1790, numérotés
dans ce dépôt, est de 11,865 dont 10,113, sont répertoriés sur bulletins, et dont 94 seulement ont été compris jusqu'à ce jour dans l'*Inventaire sommaire*. Sur ce nombre, 8,721 se trouvaient déjà aux Archives
de l'Aube en 1848, mais ont été, pour la plupart, répertoriés depuis;
3,144 proviennent d'acquisitions nouvelles. Le nombre des liasses,
portefeuilles et cartons signalés en 1848 est de 1,326. Aujourd'hui,
outre 1,072 liasses dont l'inventaire sommaire a été rédigé, il existe
aux Archives de l'Aube 4,906 liasses ou cartons numérotés, antérieurs à 1790, dont 3,883 répertoriés sur bulletins. Ces 4,906 liasses
ou cartons, réduits au nombre de pièces réglementaires, donneront
en moyenne trois articles pour un, soit 13,718 liasses, qui, jointes aux
1,072 déjà inventoriées, formeront un total de 14,790 liasses, au

lieu de 1,326. Enfin, le nombre des plans répertoriés sur bulletins est aujourd'hui de 732, au lieu de 208 signalés en 1848. Sur ces 732 plans, 58 ont été jusqu'à ce jour compris dans l'inventaire sommaire, 674 restent à inventorier. Le nombre total des articles dont l'inventaire sommaire a été rédigé est de 1,224, celui des articles à inventorier est approximativement de 26,063, ce qui donnera un total de 27,287 articles, au lieu des 3,476 indiqués dans le *Tableau général par fonds* publié en 1848.

Des bulletins formés jusqu'à présent, il résulte que la partie des Archives antérieure à 1790 paraît avoir les provenances suivantes :

Bailliage et siége présidial de Troyes, prévôté de Troyes, bailliages, prévôtés, mairies et autres juridictions secondaires des localités suivantes : Ailleville, Aix-en-Othe, Amance, Allibaudières, Anglure, Arconville, Argançon, Arsonval, Arcis, Arrentières, Argentolles, Assencières, Aubigny, Aumont, Aubeterre, Aulnay, Avreuil, Auzon, Avant, Auxon ; Balignicourt, Barberey-aux-Moines, Barberey-Saint-Sulpice, Baire-Saint-Loup, Bar-sur-Aube, Bar-sur-Seine, Baroville, Basson, Bayel, Beaulieu, Belleville, Bercenay-en-Othe, Bergères, Bérulles, Beurey, Bernon, Bessy, Bierne, Bligny, Blignicourt, Blincourt, Bouilly, Boulages, Bouy, Bouron, Bordes (Les), Bossancourt, Bouranton, Brantigny, Braux, Bray, Brienne, Bréviande, Bucey, Buchères, Bure, Buxeuil ; Césy, Chaise, Chalette, Chamblain, Chamoy, Champigny, Champillon, Champgiron, Chânet (Le), Chapelle-Saint-Luc, Chapelle-Vallon, Chappes, Chaource, Château-Vilain, Chaudrey, Chaumesnil, Chevilléles, Chesley, Chessy, Clairvaux, Clérey, Coclois, Courcelles, Courceroy, Courgeraines, Courtaoult, Cormost, Crespy, Colombey-la-Fosse, Coursan, Coussegrey, Couvignon, Crancey, Créney, Crésantignes, Croûtes (Les), Culoison, Cunfin, Cussangy ; Dampierre, Dienville, Daudes, Dierrey-Saint-Julien, Dollancourt, Dommartin, Dosnon, Droupt-Saint-Bâle, Doches ; Éclances, Échenilly, Euffigney, Engente, Épothémont, Essoyes ; Jaucourt, Jasseines, Javernant, Jessains, Jeugny, Juvancourt, Juvanzé, Juvanzon, Juzanvigny, Joncreuil ; Lajesse, Larrivour, Laubressel, Lavaux, Laines-aux-Bois, Lassicourt, Lévigny, Lhuître, Lignières, Lignol, Lirey, Loge-Pomblain, Longchamps, Longeville, Longueville, Longpré, Longsols, Lusigny, Luyères ; Machy, Mailly, Magnant, Magnicourt, Maisons-des-Champs, Maizières, Mallets, Magnifouchard, Maraye, Marcilly-le-Hayer, Marolles, Mathaux, Maupas, Massey, Méry, Mesnil-Saint-Père, Mesnil (Petit-), Mesnil-la-Comtesse, Mesnil-Lettre, Mesnil-Saint-Georges, Mesnil-Sellières, Menois, Meurville, Messon, Molins, Montfey, Montangon, Montois, Montier-en-l'Isle, Montiéramey, Montgueux, Montsuzain, Montmorency, Morvilliers, Motte-Tilly (La), Montiérender, Montceaux, Montreuil, Montaulin, Moussey; Neuville, Noës (Les), Nogent-sur-Seine, Nogent-sur-Aube, Nogent-en-Othe, Nogent-le-Neuf, Nozay; Origny, Ormes, Ormeaux (Les), Ortillon, Orvilliers; Pailly, Pâlis, Pars, Pargues, Payns, Pavillon (Le), Pel-et-Der, Perrigny, Perthes-en-Rothières, Perchois (Le), Piney, Planche (La), Plancy, Planty, Plessy-Gâtebled, Plessy-le-Four, Plessy-les-Bordes, Plessy-Mériot, Pont-sur-Seine, Pont-Hubert, Pouan, Pougy, Pouilly, Poussey, Praslain, Précy, Premierfait, Proverville, Prunay, Prusy, Puits-et-Nuisement; Quincey; Ramerupt, Radonvilliers, Rances, Rhéges, Reminesnil, Renault, Riancey, Riceys (Les), Rivière-de-Corps, Roncenay, Rosnay, Rouvres, Rosson, Rouilly-Saint-Loup, Rothière (La), Rumigny, Rumilly, Ruvigny; Saint-André, Saint-Aubin, Saint-Aventin, Saint-Benoît-sur-Seine, Saint-Benoît-sur-Vannes, Saint-Christophe, Saint-Étienne-sous-Barbuise, Saint-Jean-de-Bonneval, Saint-Julien, Saint-Léger, Saint-Léger-sous-Brienne, Saint-Léger-sous-Margerie, Saint-Liébaut, Saint-Lyé, Saint-Mards, Saint-Martin-les-Daudes, Saint-Martin-ès-Vignes, Sainte-Maure, Saint-Nabord, Saint-Nicolas, Saint Parres-aux-Tertres, Saint-Phal, Saint-Pierre-de-Bossenay, Saint-Pouange, Sainte-Syre, Saint-Usage, Saint-Vinebault, Salon, Saulcy, Saussotte (La), Savières, Savoye, Sommeval, Souligny, Souleaux, Spoix; Thennelières, Thil, Thors, Torvilliers, Traînel, Trannes, Turgy; Unienville, Urville; Vailly, Valsuzenet, Valentigny, Vallières, Vannes, Vanlay, Vauchassis, Vaucogne, Vaudes, Vaupoissons, Vaussemain, Vauchonvilliers, Vendeuvre, Vermoise, Vernonvilliers, Verrières, Viapres, Viélaines, Vignets, Villadin, Villechétif, Ville-aux-Bois, Villemoiron, Villeloup, Villemereuil, Villeneuve-au-Châtelot, Villeneuve-au-Chemin, Villeneuve-Mesgrigny, Villepart, Villevoque, Villery, Ville-sur-Terre, Ville-sous-Laferté, Villiers-le-

Bois, Villiers-sur-Phal, Virey-sous-Bar, Vosnon, Voigny, Vougrey, Vulaines, Yèvres. (332 fonds.)

Monnaie, Maîtrise des eaux et forêts, Maréchaussée de Troyes. Intendances de Bourgogne, de Champagne et de Paris.

Subdélégations, Élections, Bureaux intermédiaires de Bar-sur-Aube et de Troyes.

Colléges de Chaource, de Tonnerre et de Troyes.

Écoles chrétiennes de Troyes.

Seigneuries d'Athis-sur-Seine, Auxon, Avon; Barberey, Beaufort-Montmorency, Blaincourt, Boulage, Brienne; Charmont, Chennegy, Coursan; Dienville; Éclance, Éguilly, Engente, Estissac; Fay; Fontaine, Luyères, Gérosdot; Jaucourt; Lavau; Mailly, Marigny, Marolles, Mathaut, Méry, Montier-en-l'Isle, Montgueux; Ortillon; Payns, Pâlis, Piney, Pont-sur-Seine, Pouilly, Poussey; Ramerupt, Romilly, Roncenay, Rosnay; Saint-Parres-les-Vaudes; Vailly, Vermoise, Villacerf, Villemaur, Villenauxe, Vitry-le-Croisé. (48 fonds.)

Minutes de vingt et un notaires. Ville de Troyes. Communautés d'habitants d'Avirey-Lingey, Balnot, Brevonne, Champignol, Châtres, Colombe-la-Fosse, Colombe-le-Sec, Courteron, Creney, Fontenay-Bossery, Landreville, Loge-Pomblain, Merrey, Mesnil-Sellières, Messon, Montceaux, Virey-sur-Bar. (18 fonds.)

Communauté des marchands de Troyes, arquebuse de Troyes et de Nogent-sur-Seine.

Chapitre archiépiscopal de Sens, évêché de Troyes, chapitre épiscopal de Troyes, chapitre épiscopal d'Auxerre, officialité de Troyes, bureau du clergé, insinuations ecclésiastiques, grand et petit séminaire; dans ce fonds se trouve compris celui de l'abbaye de Saint-Gond-d'Oye et celui de la Mission de Troyes. (9 fonds.)

Églises collégiales de Saint-Étienne et Saint-Urbain de Troyes, Saint-Maclou de Bar-sur-Aube, Lirey, Mussy, Plancy, Pougy, Notre-Dame-du-Val de Provins, Sézanne, Tonnerre, Trainel, Villemaur, Vincennes. (13 fonds.)

Fabriques et cures des dix paroisses de Troyes, des trois paroisses de Bar-sur-Aube et des cent quatre-vingt-dix villes ou villages dont le nom suit : Arcis, Arembécourt, Arconville, Assencières, Auxon, Auzon, Avant, Avreuil; Bagneux, Bailly, Barberey, Barbuise, Baroville, Bar-sur-Seine, Bercenay, Bergères, Bernon, Bérulles, Bouilly, Boulage, Bouranton, Bourdenay, Bouy, Bragelogne, Brevonne, Brienne-Napoléon, Bucey, Buxeuil; Celles, Chalette, Champigny, Channes, Chaource, Chapelle-Godefroy, Chapelle-Saint-Luc, Chamessaux, Charmoy, Chassenay, Chauchigny, Chaufour, Chaumesnil, Chavanges, Chazeray, Chennegy, Chesley, Chessy, Coclois, Couceroy, Courgerenne, Coursan, Courtaoult, Coussegrey, Creney, Crésantignes, Cunfin; Dienville, Dierrey, Dosches; Échemines, Éguilly, Ervy, Estissac; Faux-Villecerf, Fay, Ferreux, Fontaine-Saint-Georges, Fontenay-Bossery, Fontette; Gelannes, Granges (Les), Gyésur-Seine; Isle-Aumont; Joncreuil, Jully; Lagesse, Laubressel, Lesmont, Lévigny, Lignières, Loges-Margueron, Longchamps, Longeville, Loupetière (La), Luyères; Mâcon, Magnan, Maison, Maizières, Maraye, Marcilly, Marigny, Marnay, Marolles, Mergey, Mériot, Merrey, Méry, Mesnil-Sellières, Montangon, Montiéramey, Morambert, Morvilliers, Motte-Tilly (La), Mussy; Noës (Les), Noéeet-Mallet, Nogent-en-Othe, Nogent-sur-Seine; Origny, Ortillon, Orvilliers; Paisy-Cosdon, Pargues, Payns, Pel-et-Der, Périgny-la-Rose, Piney, Plancy, Polisot, Pont-Sainte-Marie, Pont-sur-Seine, Pouan, Praslin, Proverville, Prugny; Racines, Ricey-Bas, Ricey-Haut, Rilly-Sainte-Syre, Romaine, Romilly-sur-Seine, Rouilly-Saceys, Rouilly-Saint-Loup, Rothière (La), Ruvigny; Sacey, Saussotte (La), Savières, Sommefontaine, Soulaines, Spoix, Saint-Aubin, Saint-Benoît-sur-Vannes, Saint-Étienne-sous-Barbuise, Saint-Germain, Saint-Jeande-Bonneval, Saint-Julien, Saint-Léger-sous-Bréviande, Saint-Légersous-Margerie, Saint-Lyé, Saint-Mards-en-Othe, Saint-Martin-de-Bossenay, Saint-Martin-ès-Vignes, Saint-Martin-les-Daudes, Saint-Mesmin, Saint-Nicolas, Saint-Parres-aux-Tertres, Saint-Parres-les-Vaudes, Saint-Phal, Saint-Pouange, Sainte-Savine, Saint-Usage; Thennelières, Torvilliers, Traînel, Trouan-le-Petit, Turgy; Vailly, Vallières, Vannes, Vauchonvilliers, Vaupoisson, Vendeuvre, Véricourt, Verrières, Viapres-le-Grand, Vignet, Villacerf, Villehardouin, Villemaur, Villemoiron, Villenauxe, Villeneuve-au-Chemin, Ville-sur-Arce, Villevoque, Villiers-le-Bois, Villiers-le-Brûlé, Villy-le-Maréchal, Vosnon, Vulaines; Unienville, Urville; Yèvres.

Chapellenies diverses à Bar-sur-Aube, Bergères-sous-Montmirail; Estissac; Meix—Saint-Époing; Ramerupt, Rhèges; Soligny-les-Étangs, Sommevoire, Saint-Phal; Vanlay, Verpillières. (11 fonds.)

Abbayes d'hommes d'Auberive, Basse-Fontaine, Beaulieu, Beaupré, Boulancourt, Chantemerle, Chapelle-aux-Planches, Clairvaux (dans ce fonds sont compris ceux des abbayes de Clairmarais, près Reims, du Val-des-Vignes et de la commanderie teutonique de Beauvoir), Larivour, Macheret, Montiéramey, Montier-la-Celle, Molesme, Molommes, Mores, Nesle-la-Reposte, Pothières, Quincy, Saint-Denis-en-France, Saint-Loup de Troyes, Saint-Martin-ès-Aires de Troyes, Saint-Michel de Tonnerre, Scellières, Vauluisant. (24 fonds.)

Prieurés d'hommes de la Chartreuse de Troyes, de Notre-Dame-en-l'Isle et de Saint-Quentin de Troyes, d'Alleman, Arcis, Avon, Bar-sur-Aube, Bar-sur-Seine; Bertignolle, Bucey, Chalette, Châtres, Choisel, Clairlieu, Dampierre, Glanot, Herbisse, Isle-au-Mont, Laines-aux-Bois, Maizières, Maraye, Marnay, Méry, Montceaux, Montier-en-l'Isle, Ortillon, Payns, Pel-et-Der, Perthes, Pont-sur-Seine, Ramerupt, Rigny, Romilly, Rosnay, Saint-Nicolas, Saint-Phal, Saint-Pierre-au-Pré, Vendeuvre, Villacerf, Villemaur, Viviers. (41 fonds.)

Capucins de Bar-sur-Aube et de Troyes; Cordeliers de Bar-sur-Aube, de Tanlay et de Troyes; Dominicains de Troyes; Hermites du Hayer de Chennegy; Minimes de Brienne et de Tonnerre; Oratoriens de Troyes; Trinitaires de la Gloire-Dieu, près Bar-sur-Seine, Trinitaires de la ville de Troyes. (13 fonds.)

Abbayes de femmes des Cordelières de Saint-Marcel de Paris, de Notre-Dame-aux-Nonnains de Troyes (dans ce fonds est compris celui du prieuré de Saint-Geomes, près de Langres), de Notre-Dame-des-Prés, du Paraclet, de la Pitié près Ramerupt. (5 fonds.)

Prieurés de femmes de Foicy et de Sainte-Scholastique; Bon-Pasteur de Troyes; Carmélites de Troyes; Congrégation de Troyes; filles de la Croix de Nogent-sur-Seine; maisons de charité de Charmont, de Lignières et de Troyes; orphelinat de l'Enfant-Jésus de Troyes; Ursulines de Bar-sur-Aube, de Bar-sur-Seine, de Mussy, de Nogent, de Tonnerre, de Troyes; Visitation de Troyes. (17 fonds.)

Commanderie du Temple de Troyes (ordre de Saint-Jean-de-Jérusalem) ; commanderie d'Avalleur, même ordre ; commanderie de Saint-Antoine de Troyes. ( 3 fonds. )

Hôpitaux de Troyes (savoir : Hôtel-Dieu-le-Comte, Saint-Abraham, Saint-Bernard, Saint-Esprit, Saint-Lazare, Saint-Nicolas, la Trinité ); hôpitaux d'Arcis, du Saint-Esprit de Bar-sur-Aube, de Saint-Nicolas de la même ville, de Brienne, de Chaource, de Marigny, de Neuville, de Nogent-sur-Seine, de Villenauxe. ( 16 fonds.)

Ce qui donne un total de 798 fonds, c'est-à-dire 666 en sus des 132 qui figurent dans le *Tableau général par fonds* des Archives départementales publié en 1848.

Une circonstance qui donne aux Archives de l'Aube un caractère tout à fait exceptionnel, c'est le nombre énorme de documents de comptabilité ecclésiastique contenu dans ce dépôt. La presque totalité des registres appartient à cette catégorie, et l'histoire financière du clergé y est écrite, année par année, du XIII° au XVIII° siècle. C'est dans les comptes des chapitres, des abbayes, des fabriques du XIV°, du XV°, du XVI° siècle, que se trouve exposée l'histoire des arts à Troyes et aux environs pendant une période qui, dans cette contrée, a été des plus brillantes.

Nous signalerons surtout les comptes de la fabrique de la cathédrale de Troyes, ceux de la collégiale de Saint-Étienne, ceux des fabriques de Saint-Jean, de Saint-Nicolas, de Sainte-Madeleine de la même ville, mine à peine explorée, et d'où l'on peut tirer, avec un peu de travail, des matériaux d'un prix inestimable.

La première livraison de l'Inventaire sommaire des Archives de l'Aube a paru. Deux fonds seulement y figurent, ceux des intendances de Bourgogne et de Champagne, et ils sont bien loin d'être ceux qui présentent le plus d'intérêt; les documents qu'ils contiennent datent pour la plupart du XVIII° siècle seulement, et quoique très-précieux pour l'histoire administrative, partie presque inconnue de l'histoire de ces temps, cependant si rapprochés, ils n'ont rien de cette importance exceptionnelle que présentent d'autres fonds d'Archives; la portion publiée de l'*Inventaire sommaire* ne peut, par conséquent, donner une idée de l'ensemble du dépôt.

Mais nous avons là la ressource de renvoyer les érudits à un volume très-curieux, mis au jour il y a vingt-deux ans par M. Vallet de Viriville, professeur à l'École des Chartes, et qui contient de précieux renseignements sur les Archives de l'Aube. Il donne le résumé des travaux exécutés par cet Archiviste paléographe pendant une mission temporaire, qui dura deux ans : ces travaux s'étendirent à un sixième environ des documents antérieurs à 1790, conservés à la préfecture de l'Aube à cette époque. M. Vallet de Viriville s'attache à mettre en relief la partie de ce dépôt qui lui paraît la plus intéressante; mais le temps lui manquait, et, faute d'un rayonnage suffisant, un nombre considérable de registres et de liasses restèrent forcément entassés sur le carreau. De là plusieurs inconvénients : 1° beaucoup de documents qui auraient dû nécessairement rentrer dans son cadre lui ont échappé : par exemple, en fait de registres, le plus ancien compte de fabrique de la cathédrale de Troyes qu'il indique, est celui de 1412-1413 (page 197); or il en existe sept qui sont de date antérieure, dont cinq du XIVe siècle. Le plus ancien compte de fabrique de Saint-Étienne de Troyes qu'il mentionne est celui de 1360-1361 (page 210), et il néglige celui de 1336-1337. De même, beaucoup de chartes du XIIe siècle, et à plus forte raison du XIIIe, lui sont restées inconnues. 2° Son inventaire étant fait par liasses et non par pièces, et ces liasses étant souvent très-volumineuses, même quand il s'agit de chartes du XIIe et du XIIIe siècles, les mentions fort concises données par M. Vallet de Viriville ne peuvent être considérées comme suffisantes à l'égard des documents inventoriés. D'autre part, M. Vallet de Viriville n'ayant classé qu'une petite partie de chacun des fonds auxquels il a mis la main, et son travail ayant consisté à distraire de chacune des séries dont ces fonds se composent quelques pièces qu'il a réunies en liasses et qu'il a étiquetées, aujourd'hui, pour classer complétement et méthodiquement ces fonds, il faut recommencer ce que M. Vallet de Viriville a fait. On doit toutefois déclarer que le livre de M. Vallet de Viriville a été infiniment utile à ses successeurs, qu'il a attiré l'attention des érudits et de l'administration sur les richesses inconnues jusque-là des Archives de l'Aube, et qu'un travail aussi considérable, exécuté en aussi peu de temps, avec autant de supériorité, dénote une grande activité d'esprit et des connaissances paléographiques aussi sérieuses qu'approfondies. On peut y renvoyer ceux qui désirent avoir, sur le dépôt de la préfecture de l'Aube, des renseignements plus complets que ceux que nous donnons ici.

H. D'ARBOIS DE JUBAINVILLE.

## II. ARCHIVES COMMUNALES.

1° PERSONNEL. — RÉDACTEURS DES INVENTAIRES DES ARCHIVES ANTÉRIEURES A 1790.

(Voyez le *Manuel*, p. 350 et l'*Annuaire* de 1862, p. 118.)

BOUCHES-DU-RHÔNE. — *Tarascon*. — M. Meyer, élève de l'École des Chartes, désigné par S. Exc. M. le Ministre de l'Intérieur, a rédigé l'inventaire des Archives antérieures à 1790 de cette ville. Ce travail est sous presse; la mairie de Tarascon a fait les frais de classement des Archives et de la publication de cet inventaire.

CÔTE D'OR. — *Dijon*. — M. de Gouvenin, élève de l'École des Chartes, a été nommé Archiviste de la ville.

HÉRAULT. — *Agde*. — M. Meyer, élève de l'École des Chartes, désigné par S. Exc. M. le Ministre de l'Intérieur, a commencé l'inventaire des Archives de cette ville.

OISE. — *Beauvais*. — M. Rose, avocat, a été chargé par M. le maire de Beauvais d'inventorier les Archives.

*Compiègne*. — M. L'Epinois, élève de l'École des Chartes, désigné par S. Exc. M. le Ministre de l'Intérieur, a classé et inventorié les Archives de cette ville.

SEINE-ET-OISE. — *Rambouillet*. — M. Bing, élève de l'École des Chartes, désigné par S. Exc. M. le Ministre de l'Intérieur, a classé les Archives du domaine de la commune et du tabellionage déposées à l'administration forestière. Une répartition des documents anciens a été faite, avec l'autorisation de S. Exc. M. le Ministre de la maison de l'Empereur, entre le département de Seine-et-Oise, la commune et le domaine impérial.

SÈVRES (DEUX-). — *Saint-Maixent*. — M. Richard (Alfred), élève de l'École des Chartes, a rédigé et fait imprimer l'inventaire des Archives antérieures à 1790 de cette ville.

Var.— *Toulon.*— M. Teissier, receveur municipal, a rédigé l'inventaire des importantes Archives de la ville ; ce travail forme un gros volume in-folio ; c'est un travail très-important.

Vaucluse. — *Orange.*— M. Chauvet est chargé de la rédaction de l'inventaire, M. Meyer ayant renoncé à la mission qu'il avait acceptée.

*Carpentras.* M. Chauvet continue activement le classement des Archives de cette ville. L'inventaire sera prochainement commencé.

---

## 2° DÉLIBÉRATIONS DES CONSEILS GÉNÉRAUX RELATIVES AUX ARCHIVES COMMUNALES.

(Voyez le *Manuel*, p. 352 et l'*Annuaire* de 1862, p. 118.)

Ain. *Rapport de la commission.* — Priez M. le Préfet : 1° d'inviter instamment les Maires à faire réintégrer dans les Archives municipales tous les titres et pièces qui en ont été distraits pour procès, ou autrement ; 2° de leur proposer de remettre aux Archives départementales leurs pièces anciennes, à la charge qu'il serait fourni aux communes un double de l'inventaire, et qu'il leur serait délivré gratuitement les copies qui seraient ultérieurement demandées pour intérêt du service communal.

Aisne. *Rapport du Préfet.* — Parmi les Archives communales, classées et inventoriées avec intelligence, je me fais un devoir de vous indiquer celles de Colligis et de Bois-les-Pargny, qui ne laissent rien à désirer. Depuis le peu d'années que le service d'inspection a été créé, 327 Archives ont été classées et inventoriées, et parmi les inventaires, il en est d'extrêmement remarquables, tels que celui que nous mettons sous vos yeux et qui est dû aux soins de M. Charpentier, instituteur à Bois-les-Pargny.

Allier. *Rapport du Préfet.* — La plupart des Archives communales n'ont conservé, en fait d'Archives anciennes, que leurs registres paroissiaux, qui, il est vrai, contiennent quelques renseignements plus ou moins importants pour l'histoire locale ; presque toujours ce sont des remarques sur les prix excessifs des denrées, sur les intempéries des saisons, les orages, grêles, inondations, etc. En général, les Archives des communes parcourues sont en bon état et le classement en a été opéré conformément aux prescriptions ministérielles.

BASSES-ALPES. — La ville de Manosque possède des Archives d'une grande importance. Elles occupent à la mairie un local convenable et spacieux ; mais l'inventaire n'est pas encore complet.

EURE-ET-LOIR. *Rapport du Préfet.* — Le service des Archives communales a continué à attirer mon attention, pendant le cours de cette année. La surveillance de ces dépôts, que j'ai confiée, comme j'ai eu l'honneur de vous le dire dans mon dernier rapport, à MM. les inspecteurs primaires, a eu encore d'excellents résultats dans la plupart des communes ; mais il reste beaucoup à faire, et, malheureusement, ce sont les communes les plus retardataires qui possèdent les documents les plus importants. Le décret de décentralisation du 13 avril dernier, en plaçant sous la direction des Préfets les Archives communales et hospitalières, n'a pas séparé d'ailleurs ces Archives du Ministère de l'Intérieur, en tant qu'elles renferment des pièces antérieures à 1790. Aussi, l'attention de S. Exc. s'est-elle reportée plus vivement sur les Archives des communes importantes qui pourraient posséder des titres de cette nature, et des lettres pressantes sont venues réclamer les inventaires qui n'avaient pas été fournis. Je n'ai pu rien obtenir de complet jusqu'à ce jour ; mais, presque partout, j'ai reçu les promesses d'un achèvement prochain.

Parmi ces communes en retard figurent Chartres, Chateaudun, Dreux, Auneau, Courville, Illiers, Maintenon, Voves, Coulombs, qui toutes possèdent des titres antérieurs à 1790. Les plus riches de ces Archives sont, sans contredit, celles de Chartres et de Chateaudun ; on travaille activement à l'inventaire de Chartres.

ARIÉGE. *Rapport du Préfet.* — L'allocation de 300 francs est partagée, à titre d'indemnité, entre M. l'Archiviste et MM. les inspecteurs des écoles primaires, qui sont chargés, tous les ans, de visiter les Archives communales et de m'adresser un rapport sur l'état de ces dépôts.

Je signale avec plaisir l'amélioration constatée par ces fonctionnaires, et je considère comme utile la continuation d'un mode de contrôle qui contribue puissamment à assurer la régularité d'un service, dont il est facile d'apprécier toute l'importance.

AUBE. *Rapport de l'Archiviste.* — Les Archives de la mairie d'Arrentières sont en possession d'une partie des minutes de la justice seigneuriale de ce nom, qui doivent être réintégrées au dépôt départemental. Le maire de Troyes n'a pas encore fait rectifier et compléter l'inventaire de M. Boutiot ; 52 communes ont été inspectées.

HAUTE-MARNE. *Rapport du Préfet.* — Les Archives des sous-préfectures, celles des communes et celles des hospices ont été l'objet, de la part de M. l'Archiviste, d'un examen sérieux. Il a rédigé à ce sujet un rapport spécial que j'ai également l'honneur de vous communiquer, et dans lequel il rend un compte détaillé des visites qu'il a faites de plusieurs Archives dans les communes du département.

PAS-DE-CALAIS. *Rapport du Préfet.* — Des améliorations considérables ont été apportées, depuis quelques années, dans les Archives des mairies. Si l'on voit encore, en quelques localités, des collections mal tenues, des recueils incomplets, des volumes endommagés, cet état de choses constitue maintenant l'exception ; l'on peut compter sur l'intelligente activité de M. l'inspecteur des Archives communales pour le faire bientôt disparaître complétement. Les tournées d'inspection faites par M. l'Archiviste du département, depuis votre dernière session, ont produit, comme par le passé, des effets très-satisfaisants. Ces communes ont été visitées ; plusieurs appartiennent aux arrondissements de Béthune et de Saint-Omer.

887 communes sur 903 ont fourni jusqu'ici l'inventaire de leurs Archives, de 1790 à 1860. En ce qui concerne la rédaction des inventaires des titres antérieurs à 1790, elle se poursuit avec toute l'activité possible. Ce travail présente, du reste, une foule de difficultés, dont il convient de tenir compte : plusieurs communes ont même dû envoyer à Arras leurs Archives anciennes pour être classées et analysées par des hommes habitués à déchiffrer les vieux documents. En cette circonstance, comme toujours, M. l'Archiviste a mis le plus louable empressement à prêter à ces communes le concours de son expérience.

BAS-RHIN. *Rapport du Préfet.* — Les Archives communales sont toujours l'objet de mes soins. Le travail réclamé par le Ministre continue à se faire dans les grandes communes. Les Archives de Strasbourg sont confiées aux soins intelligents et actifs d'un élève de l'École des Chartes, qui porte un nom cher à la science, M. A. Schweighæuser, et qui remplira prochainement le programme ministériel, tout en conservant l'ancien classement rationnel et conforme aux antécédents historiques de la cité municipale. — A Schlestadt, le travail est confié au savant bibliothécaire local, M. Kleitz. — A Saverne, l'inventaire dressé par l'Archiviste départemental, vers 1845, est complété par les soins d'un homme versé dans l'histoire d'Alsace et dévoué à ce genre d'occupation, M. de Feischer.

L'inventaire d'Obernai, confectionné avec les tables alphabétiques, grâce au labeur désintéressé de M. l'aumônier de l'hospice, M. l'abbé Gros, a été approuvé avec éloges par M. le Ministre.

L'inventaire de Bischwiller avance consciencieusement et méthodiquement ; celui d'Erstein est définitivement soumis à l'approbation de M. le Ministre. — Quelques inventaires sont en rectification.

En comparant le travail récemment fourni par les communes rurales avec les inventaires dressés il y a une quinzaine d'années, on a trouvé qu'une centaine de mairies n'avaient pas été exactes dans le relevé des titres antérieurs à 1790. Cette découverte donne lieu à un travail supplémentaire ; mais, en définitive, les résultats obtenus par le récolement des titres dans les communes du Bas-Rhin ont été aussi prompts que satisfaisants.

VAUCLUSE. — M. l'Archiviste a donné aux inventaires des Archives communales et hospitalières, prescrits par les instructions des 10 juin 1854 et 25 août 1857, une impulsion dont les résultats sont dus, en grande partie, au concours actif qu'il a prêté aux secrétaires des communes et des établissements de bienfaisance ; quelques-uns ont été approuvés par M. le Ministre de l'intérieur.

----

### 3° DÉCISIONS ADMINISTRATIVES ET CIRCULAIRES.

S. Exc. M. le Ministre de l'intérieur a demandé à MM. les maires des villes qui possèdent des Archives antérieures à 1790 d'une importance réelle, d'adopter la mesure appliquée aux Archives départementales de la même période, et d'entreprendre l'impression de leurs inventaires. Au moyen d'annuités successives, réparties sur plusieurs exercices, cette dépense ne surchargera pas le budget communal et complétera le monument national que Son Excellence veut élever aux sciences historiques auxquelles il porte un si vif intérêt, et à la bonne administration des communes, dont les titres utiles et honorifiques seront ainsi connus de tous. Lyon, Bayonne, Boulogne-sur-Mer, Avignon, Tarascon, Saint-Maixent, etc., font déjà imprimer leur inventaire.

### PRÉCÉDENTS ADMINISTRATIFS.

6. Les Préfets doivent faire l'envoi, au bureau des Archives du Ministère de l'Intérieur, d'un numéro imprimé du *Bulletin des actes administratifs*, qui contient les recommandations faites aux maires, aux commissions administratives des hospices et aux sous-préfets de mettre les Archives dans un ordre convenable. (*Décision* du 26 mai 1841, *Hautes-Alpes.*)

7. Les registres des municipalités de canton, créés par la constitution de l'an IV et supprimés depuis, doivent être déposés aux Préfectures. (*Décis.* du 29 janvier 1855, *Seine-et-Oise.*)

8. Les registres de mariage doivent être déposés dans les communes auxquelles ils appartiennent, ou, s'il en existe un double, au greffe du tribunal d'arrondissement. (*Décis.* du 29 juin 1851, *Seine-et-Oise.*)

9. Des lettres personnelles doivent être adressées aux maires pour les engager à s'occuper des Archives communales, outre les insertions au *Bulletin des actes administratifs*. (*Décis.* du 17 juillet 1850, *Sarthe.*)

10. Les Préfets sont autorisés à imputer, sur les fonds de cotisations municipales, le prix des registres et autres imprimés destinés aux Archives des communes. (*Décis.* du 24 septembre 1842, *Sarthe.*)

11. Les inventaires des Archives communales transmis à la Préfecture doivent être soumis à l'examen d'une commission locale

existant dans tous les départements. (*Décis.* du 7 décembre 1852, *Pyrénées-Orientales.*)

12. En considération du peu de ressources dont les communes du Morbihan peuvent disposer, il a été accordé, exceptionnellement, au Préfet, l'autorisation de pourvoir à la dépense nécessitée par l'achat d'un registre pour inventorier les Archives et le mobilier de chacune d'elles, en prélevant une somme de 4 ou 5 francs par chaque commune sur le fonds des amendes de police correctionnelle. (*Décis.* du 29 décembre 1842, *Morbihan.*)

13. Le fonds commun des cotisations municipales, étant destiné à subvenir à des dépenses obligatoires déterminées, ne peut être détourné de cet usage dans le but d'allouer une indemnité pour frais d'inspection des Archives communales aux Archivistes chargés de cette mission. (*Décis.* du 5 décembre 1850, *Lot.*)

---

CIRCULAIRE.

## Inspection des Archives communales.

Mende, le 22 août 1861.

*A MM. les Maires du département.*

MESSIEURS,

Il a été récemment constaté, par M. l'Inspecteur général des Archives, que de grands parchemins du XV⁺ siècle avaient été, pour servir d'enveloppes à des dossiers, arrachés par feuilles d'un registre très-précieux, soustrait à la mairie d'une des villes de la Lozère, où il a dû être réintégré, malgré ses mutilations.

Un pareil fait est trop regrettable pour qu'on ne doive pas aviser à en prévenir le retour.

Je ne saurais donc trop vous recommander de ne laisser sortir aucun document des Archives communales ou hospitalières, d'estampiller tous les documents qui s'y trouvent en dépôt et de veiller à ce qu'ils soient conservés parfaitement intacts.

Recevez, Messieurs, l'assurance de ma considération très-distinguée.

Le Préfet de la Lozère,
Charles DE PEBEYRE.

4° NOTICES SUR LES ARCHIVES COMMUNALES. (Voir les précédentes Notices, *Manuel*, p. 356, et *Annuaire* de 1862, p. 130.).

**Renseignements relatifs aux Archives communales de Chartres, par M. Chasles, ancien maire de la ville (1851).**

Il existe à la mairie de Chartres une collection de 113 registres et 86 boîtes, le tout comprenant des documents qui se réfèrent pour la plupart à l'époque antérieure à 1790.

Huit de ces registres sont des transcriptions, faites au commencement du XVIII° siècle, des titres et papiers qui, à cette époque, ont paru les plus intéressants. Ils forment deux recueils distincts : le premier se compose de trois volumes appelés le *Cartulaire* ou la *Pancarte*, écrits sur parchemin et comprenant des documents dont le plus ancien est du mois de mars 1296, et le dernier du 18 décembre 1704.

Les cinq autres volumes, intitulés *Anciens Registres de l'Hôtel-de-Ville*, contiennent des documents dont le plus ancien est du 1er octobre 1437, et le dernier du 7 septembre 1677. Dans le premier volume (de 1437 à 1576), il y a quatre lacunes faisant ensemble 79 années.

Une autre collection de quarante-trois volumes, intitulés *Affaires communes*, donne l'analyse de tous les actes administratifs, depuis le 22 mars 1684 jusqu'au 20 février 1790.

Les huit volumes comprenant des renseignements antérieurs au XVIII° siècle ont été souvent consultés par des personnes érudites, auxquelles l'administration s'est toujours empressée de les communiquer sans déplacement.

En 1840, M. d'Espinoy, qui travaillait, dès cette époque, à une histoire encore inédite de la ville de Chartres, fit le relevé de toutes
les lettres écrites aux maires et échevins par les rois de France et
quelques grands personnages, et transcrites dans les cinq volumes
des anciens registres; il prit les copies littérales de 92 originaux,
ou copies collationnées de ces mêmes lettres, seuls restes des anciens titres originaux transcrits ou analysés dans les cinq volumes
dits *Anciens Registres de l'Hôtel-de-Ville*. On ignore ce que tous les
autres originaux sont devenus; peut-être avaient-ils disparu dès
avant la révolution, peut-être ont-ils été compris dans la destruction
générale de tous les papiers retraçant le souvenir de la féodalité.
( L'ancien Archiviste de la ville, mort en 1842, avait été témoin du
brûlement d'une masse considérable d'anciens titres, qui eut lieu à
Chartres, pendant la révolution, et qui dura trois jours entiers.)

Les 92 originaux ou copies collationnées, mis en ordre par
M. d'Espinoy, furent renfermés sous clef avec les anciens registres.

A une époque postérieure, M. Doublet de Boisthibault, l'un des
conservateurs de la Bibliothèque communale, compulsant à son tour
les cinq volumes dits : *Anciens Registres de l'Hôtel-de-Ville,* fit le
même travail que M. d'Espinoy et copia de sa main les lettres des
rois de France, dont la teneur était littéralement transcrite dans les
cinq volumes, et quand, plus tard, chargé comme conseiller municipal de faire un rapport sur l'ensemble des Archives de la mairie, il
y trouva les 92 originaux ou copies collationnées que M. d'Espinoy avait signalés au maire dès 1840; il eut l'idée de réunir en un
seul volume les copies qu'il avait faites des lettres transcrites et les
originaux, le tout classé par ordre de date au nombre de 223 pièces.

Il importe d'indiquer successivement les objets auxquels se rapportent ces documents. Premièrement, pièces transcrites sur les
anciens registres de l'Hôtel-de-Ville de Chartres. Les pièces offrant
quelque intérêt historique sont :

N° 1 du recueil (anciens registres, t. Ier, p. 168), lettre de François Ier, du 8 octobre 1520, par laquelle il demande à la ville un
subside de 2,000 livres tournois à la suite de l'entrevue du camp du
Drap d'or.

N° 6 (*ibid.*, p. 290), lettre de François Ier, du 25 avril 1527, par laquelle il explique les raisons qui l'ont empêché d'accomplir tous les engagements contractés par le traité de Madrid et demande un subside de 2,000 livres.

N°ˢ 62, 63, 64, 65 (anciens registres, t. Iᵉʳ, p. 701, 702, 703 et 706). Lettres se rapportant à la Saint-Barthélemy.

Le 22 août 1572, le roi Charles IX informe le maréchal de Cossé, gouverneur du pays Chartrain, que l'amiral de Châtillon (Coligny) a été blessé d'un coup d'arquebuse, en retournant du Louvre en son logis, et annonce l'intention de faire justice exemplaire de ce crime. Par lettre datée du 24 août (ce doit être du 25), le roi informe d'Équilly, gouverneur de la ville de Chartres, des massacres de la Saint-Barthélemy. Il les impute à la haine qui divise les deux maisons de Lorraine et de Châtillon.

Enfin, par lettre du 28 août, adressée au gouverneur de Chartres, le Roi déclare que tout ce qui est arrivé a été fait par son exprès commandement, pour prévenir l'exécution d'une détestable conspiration faite par l'amiral et ses adhérents contre les personnes du Roi, de ses frères, de la Reine mère et du Roi de Navarre. Le Roi déclare en outre qu'il n'y a pas eu dans ces faits cause de religion; que ceux de la religion prétendue réformée ne seront point inquiétés, mais que tous prêches et assemblées sont interdits jusqu'à ce qu'il ait été pourvu à la tranquillité du royaume.

N°ˢ 68, 69 et 70 (anciens registres, t. Iᵉʳ, p. 719 et 720) :

1° Lettre sans date de mois (qui paraît être du 19 novembre 1572), de Peyrard, qui, par ordre du conseil du Roi, informe le gouverneur que par suite du départ du Roi, de la Reine mère et des frères du Roi qui allaient à la chasse, le bruit s'est répandu à Paris qu'on préparait un nouveau massacre des huguenots et que des précautions de sûreté ont été prises dans les divers quartiers de Paris ;

2° Par une seconde lettre du 20 novembre, à 9 heures du matin, Peyrard informe le gouverneur que la nuit s'est passée *fort doucement et que le bruit qui courait hier si chaudement* sera oublié par le peuple.

La 3ᵉ est la publication faite à Paris, au nom du Roi, le 19 novembre, pour prémunir les habitants contre les faux bruits des projets d'assassinats contre les huguenots.

No 109 (anciens registres, t. III, n° 64). Lettre du 13 février 1614, par laquelle Marie de Médicis informe les échevins de Chartres du départ du prince de Condé et des autres princes, qui se sont retirés de la cour.

No 111 (*ibid.*, n° 65). Lettre du roi Louis XIII au gouverneur, du 30 juillet 1615, par laquelle il recommande de faire bonne garde; il y exprime aussi sa défiance contre le prince de Condé, les ducs de Longueville et de Mayenne, le comte de Saint-Pol et le maréchal de Bouillon, qui ont refusé de l'accompagner dans son voyage de Guyenne.

No 115 (*ibid.*, n° 362). Lettre de Louis XIII au gouverneur de Chartres, du 1er septembre 1616, par laquelle il annonce qu'il a fait arrêter le prince de Condé.

No 131 (*ibid.*, n° 694). Lettre de Louis XIII au gouverneur, du 26 juin 1621, par laquelle il annonce la prise de Saint-Jean-d'Angely et les conditions de la capitulation.

No 135 (*ibid.*, cahier 67, n° 38). Lettre de Louis XIII au gouverneur, du 17 avril 1616, datée d'Apremont, par laquelle il raconte avec détails la victoire qu'il a remportée sur Soubise, aux îles de Rez.

Deuxièmement : Pièces originales.

Plusieurs de ces pièces (17) sont transcrites aux anciens registres, et font par conséquent double emploi avec la série des 223 pièces recueillies par M. Doublet. La plupart des autres y sont mentionnées et analysées.

Sept pièces du recueil ne sont point des originaux, mais des copies collationnées. Voici la notice des documents dont la teneur littérale ne se trouve pas transcrite aux registres de l'Hôtel-de-Ville.

Règne de Charles IX (26 pièces).

1° 15 lettres de Charles IX, relatives aux choix des gouverneurs de la ville de Chartres, aux garnisons et au service militaire, (n°s 18, 20, 21, 22, 24, 28, 47, 50, 51, 55, 56, 57, 71, 72 et 73 du recueil). Elles ne fournissent aucun renseignement qui ne soit déjà inscrit aux registres de l'Hôtel-de-Ville.

2° Une lettre de Catherine de Médicis (n° 46).

3° Quatre lettres du duc d'Anjou (n°s 40, 44, 58, 60), et une lettre du duc d'Alençon (n° 48). Toutes sont relatives aux mêmes affaires de service que les lettres de Charles IX.

4° Une lettre au maire, de Renée de France, duchesse de Ferrare (n° 34), en date du 6 juin 1568 ; elle recommande aux habitants de Chartres de surseoir à la réception du sieur d'Entraigues, nommé gouverneur par le Roi, et de ne point molester ceux de la religion.

5° Enfin, quatre lettres originales de personnages du même temps. 1° du prévôt des marchands de Paris (n° 13), en date du 9 février 1562. Il envoie à Chartres pour savoir quelle direction prennent les Reitres, qui s'en vont de Paris. 2° et 3° de Serres, commissaire général des vivres, et de La Bourdeisière, réquisition de vivres et demande d'un canon (n°ˢ 29 et 36). La 4° du maréchal de Cossé, gouverneur de l'Orléanais (n° 59), relative au commandement de la ville.

Règne de Henri III (14 pièces).

1° Trois lettres de Catherine de Médicis, régente (n°ˢ 74, 78 et 81). Par la première, elle remercie les habitants de Chartres de leurs assurances de fidélité ; par la seconde, elle ordonne diverses mesures relatives au gouvernement de la ville ; par la 3°, elle donne commission au sieur Brulard de lever des vivres pour l'armée, à Orléans, à Chartres et au Mans.

2° Une lettre de Pinart, secrétaire de la régente (n° 75), relative à la garnison.

3° Dix lettres du roi Henri III, la première du 25 septembre 1575, la dernière du 13 septembre 1579 (n°ˢ 80, 84, 85, 86, 89, 94, 95, 101 et 104 du recueil) ; par la première, il annonce que son frère, le duc d'Alençon, s'est échappé de Paris. Toutes les autres sont relatives au gouvernement militaire de la ville de Chartres et au choix du gouverneur.

Il n'existe aucune pièce originale du règne de Henri IV.

Règne de Louis XIII (quatre pièces, n°ˢ 106, 110, 117, 157).

Une lettre de la reine régente, Marie de Médicis, et trois lettres du Roi, le tout sans importance historique ; la dernière est du 30 avril 1632.

Il est regrettable qu'on n'ait trouvé aucun document relatif aux dernières années du règne de Louis XIII, parce que les registres de l'Hôtel-de-Ville présentent une lacune depuis la fin de l'année 1632 jusqu'au mois de mai 1644.

Règne de Louis XIV (vingt pièces).

1° Quatre lettres (paraissant autographes) du sieur de Sourdis, gouverneur de Chartres (nᵒˢ 165, 166, 167, 169), toutes de l'année 1645, annonçant les victoires de Catalogne et de Flandre, et ordonnant de chanter le *Te Deum*.

Deux autres lettres du même, de 1657 à 1660 (nᵒˢ 203, 204) : la première annonçant le mariage du Roi et demandant aux habitants une contribution volontaire ; la deuxième relative à son gouvernement de la ville de Chartres.

2° Trois lettres de Louis XIV (nᵒˢ 162, 199 et 223). La première est datée du 20 septembre 1643, Louis XIV avait alors cinq ans. Elle est signée Louis, contre-signée Guénégaud. Elle a pour objet d'inviter les habitants à faciliter la perception d'un impôt assis sur les boissons par la Reine régente, à cause des nécessités du temps.

Par la deuxième, du 16 août 1652, il annonce le transfèrement du parlement de Paris à Pontoise. Enfin, la troisième est du 22 avril 1711, à l'occasion de la mort du Dauphin. Il mande aux échevins de la ville d'assister au service religieux, qui sera célébré par l'évêque de Chartres.

3° Six lettres de Gaston, duc d'Orléans, oncle du Roi (nᵒˢ 161, 189, 191, 198, 202, 208).

Trois de ces lettres n'offrent aucun intérêt, les trois autres sont relatives aux troubles de la Fronde. Le 16 mai 1652 (nᵒ 189), il félicite les habitants de Chartres de n'avoir pas obtempéré à la lettre de cachet par laquelle le Roi leur ordonnait de faire sortir de la ville le marquis de La Frette, leur gouverneur. « Cette lettre n'est qu'un ouvrage des entreprises du cardinal Mazarin, qui n'a d'autre objet que de jeter, en tous lieux, le désordre et la confusion. » Il leur recommande de ne recevoir ni troupes, ni personnes qui pourraient être envoyés de la part des perturbateurs du repos public.

Le 26 du même mois (nᵒ 191), il recommande de repousser le comte Dorval, que le cardinal Mazarin prétend leur imposer comme gouverneur. Le 3 juillet de la même année (n° 198), il informe les maires et échevins du combat de la porte Saint-Antoine et donne des détails intéressants sur cette affaire.

Enfin, trois lettres de personnages importants de la même époque, dont voici l'analyse :

1° De Goulas, secrétaire du duc d'Orléans, du 17 mai 1652, par laquelle il envoie la lettre du duc mentionnée ci-dessus du 16 mai.

2° Du maréchal de Turenne, commandant l'armée du Roi devant Étampes (n° 194), par laquelle il fait, le 31 mai 1652, une réquisition de vivres. (Il y a en outre au recueil deux récépissés de fournitures de pain délivrés par Pommereuil, intendant des vivres de l'armée royale, nos 195 et 197.)

La troisième, de l'abbé de Droué (n° 196), est écrite à Messieurs de la ville et de l'Élection, de la part du maréchal de Turenne, le 9 juin 1652, et datée du camp devant Étruchy. Il les informe que le duc de Lorraine ayant demandé une suspension d'armes, le maréchal a dû retirer son armée de devant Étampes, et qu'il y a espérance de paix entre le Roi et les princes.

En résumé, on voit, par l'analyse qui précède, que les documents les plus intéressants pour l'histoire de France (savoir, la lettre de François Ier, relative au traité de Madrid, et les trois lettres de Charles IX, à l'occasion de la Saint-Barthélemy) sont extraits des anciens registres de l'Hôtel-de-Ville de Chartres, et que les originaux n'existent plus.

Que parmi les pièces originales que possède encore la mairie de Chartres, les pièces les plus curieuses aussi au point de vue de l'histoire générale sont les lettres de Gaston, écrites pendant la guerre de la Fronde, et notamment la lettre contenant les détails sur le combat du faubourg Saint-Antoine.

Toutes les autres pièces se réfèrent seulement plus spécialement à l'histoire locale de la ville de Chartres.

M. Doublet de Boisthibault, en réunissant, dans un seul recueil, toutes les lettres originales, ou copies de lettres et en appelant l'attention des érudits sur ces documents, a fait une chose doublement utile : il a soustrait ces pièces à des chances de destruction ou de disparition ; il a indiqué des matériaux précieux à ceux qui s'oc-

cupent, soit de l'histoire générale de France, soit de l'histoire
locale de leur pays.

Il existe aux Archives de Chartres des catalogues faits avec soin
par M. Blomier, le dernier Archiviste, mort en 1842, et qui, par
conséquent, ne sont pas conformes aux instructions du 16 juin 1842.
Le maire de Chartres a nommé une commission pour faire la révision
du classement des Archives municipales et la refonte de ces catalogues; espérons qu'elle s'acquittera promptement de la tâche nouvelle dont elle s'est chargée, et qu'une copie de l'inventaire définitif
sera prochainement adressée à M. le Ministre de l'intérieur.

### État des Archives de la mairie de Calais en 1845, par M. Legros-Devot.

Depuis longtemps, l'histoire si incomplète de la ville de Calais me
préoccupe; aussi, dès mon entrée à l'administration municipale,
ai-je sérieusement pensé aux moyens de reconstituer nos Archives,
dispersées par suite des occupations étrangères et des vicissitudes
de la guerre. En effet, la ville de Calais fut prise, en 1347, par les
Anglais, qui l'occupèrent jusqu'en 1558. En 1596, elle tomba au
pouvoir des Espagnols et elle ne fut rendue à la France qu'en 1598,
par le traité de Vervins. En 1347 et en 1596, les Calaisiens furent
chassés de leurs foyers par les vainqueurs.

Ces circonstances expliquent suffisamment les lacunes qui se
font remarquer dans nos Archives.

Il est triste de le dire, nous ne possédons que peu de matériaux
relatifs aux années qui ont précédé la prise de Calais par les Anglais;
ceux qui concernent les occupations étrangères ne sont pas plus
nombreux.

Notre dépôt d'Archives communales ne date guère que des premières années du XVIIe siècle, et encore laisse-t-il beaucoup à
désirer.

Pour procéder avec ordre, je dirai d'abord quels étaient les matériaux en notre possession au commencement de 1842; je dirai
ensuite quels sont ceux que je suis parvenu à me procurer depuis,

et enfin j'indiquerai les sources où nous aurons à puiser pour reformer la chaîne brisée de nos Archives.

Voici les matériaux que nous possédions en 1842; ils forment trois catégories :

La première contient les documents déposés à la Bibliothèque publique, et consistant en 11 volumes imprimés, formant ensemble huit ouvrages; 53 brochures imprimées, mémoires, almanachs, etc.; 20 volumes manuscrits, formant ensemble quinze ouvrages; 5 cartes et plans manuscrits.

La deuxième contient les registres et papiers déposés au cabinet des Archives de la ville, savoir :

472 registres plumitifs et 82 liasses; plus les souches des passeports et les souches des registres de recettes de l'octroi municipal.

La troisième contient les papiers et registres d'une date plus moderne, ainsi que les registres de l'état civil, à partir de 1609, qui ont été repris dans l'inventaire des Archives communales dressé le 30 avril 1844, lettres D, E et I; ils sont déposés au bureau de la mairie.

Dans quelques-uns des registres de l'état civil se trouvent des notes fort intéressantes sur l'histoire locale.

Les inventaires des documents contenus dans la première et la deuxième catégorie ont été rédigés.

Voici maintenant les documents historiques relatifs à Calais que j'ai été assez heureux pour me procurer :

1º Le relevé de 179 titres analytiques de pièces qui intéressent Calais, copiés sur des cartes qui m'ont été prêtées par M. Martial Delpit, et extraits de différents dépôts de Paris et de Londres.

2º La copie, due à M. Godin et à M. l'abbé Parenty, de 35 pièces originales des XIIIe et XIVe siècles, provenant des Archives départementales à Arras; la plupart de ces pièces concernent l'histoire financière de la ville.

3º Le relevé de 135 titres de pièces sur Calais, extraits de la collection manuscrite de Bréquigny, déposée à la Bibliothèque royale de Paris.

4º L'inventaire, dû à M. Martial Delpit, du neuvième paquet de la correspondance relative à Calais, déposée au *State paper Office*, à Londres.

5° La copie, due à M. Martial Delpit, du compte du bailli de Calais en 1268. La possession de cette pièce est d'autant plus importante, que nous avons déjà acquis les comptes des baillis de Calais en 1307, 1308, 1309, 1312, 1313, 1324 et 1326, provenant de l'importante collection Monteil. Dans le compte de 1324, on trouve le nom d'Eustache de Saint-Pierre.

6° L'inventaire certifié des titres de vingt-quatre plans et cartes de la ville et du port de Calais, qui se trouvent au dépôt général des cartes de la marine, à Paris, et que j'ai découverts.

7° La copie de portions de six de ces plans, concernant le port de Calais à diverses époques.

La correspondance que j'ai dû entretenir avec l'Angleterre, la Belgique, l'Espagne, Paris et Arras, pour me procurer ces pièces et pour arriver à connaître la direction qu'il convient de donner à nos investigations, est très-volumineuse.

Notre dépôt d'Archives ne tardera pas à s'enrichir de nouveaux titres, que nous devrons encore à l'obligeance de M. Martial Delpit, l'infatigable collaborateur de M. Augustin Thierry, et que, sur ma demande, il a fait transcrire lors de son dernier voyage à Londres, au commencement de cette année.

Une lettre que j'ai reçue ces jours derniers de M. le comte de Jarnac, chargé d'affaires du Roi, à Londres, me fait espérer que le gouvernement anglais accueillera favorablement la demande que je lui ai faite, en accordant à la ville de Calais l'important ouvrage de *Rymer*, qui contient des pièces du plus haut intérêt pour nous.

Les dépôts publics où paraissent se trouver le plus grand nombre de documents relatifs à Calais sont à Londres, à Paris, à Bruxelles, à Simancas (Espagne) (1), à Arras, à Lille et à Amiens, siége de l'ancienne intendance de Picardie.

Grâce à l'intervention de M. Guizot, ministre des affaires étrangères, de M. le comte de Saint-Aulaire, ambassadeur du Roi des

---

(1) Cette collection de documents existe aux Archives générales de l'Empire, à Paris, et c'est par erreur qu'elle est indiquée comme étant en Espagne.

(*Note de l'Éditeur*).

Français à Londres, de M. l'ambassadeur de France à Bruxelles, de M. François Delessert, notre député, de M. le ministre des affaires étrangères à Bruxelles, de M. Gachard, garde général des Archives de Belgique, de M. Godin, Archiviste du département, et de M. l'abbé Parenty, chanoine à Arras, nous pourrons faire transcrire une partie des titres concernant Calais renfermés dans ces divers dépôts.

Outre les dépôts publics que je viens d'indiquer, il existe aussi des collections particulières qui possèdent des papiers historiques intéressants pour notre ville, et qu'il serait important de pouvoir consulter. Au nombre de ces collections, il faut citer celles de sir Th. Philipps, à Londres, de MM. Charles de Reims et Pigault de Beaupré, à Calais, et de M. A.-F. Dufaitelle, à Saint-Omer.

Nous sommes assurés que le patriotisme éclairé qui anime les heureux propriétaires de ces collections les engagera à nous faire part de leurs richesses.

---

## OISE.

### Parchemins requis de la commune de Beauvais pour le service de l'artillerie, en 1793.

Beauvais, 31 janvier 1793, an II de la République française.

Les Administrateurs du district de Beauvais aux Citoyens officiers municipaux de la même ville.

Le Ministre de la marine demande qu'on remette à ses préposés, conformément au décret de la Convention nationale du 5 janvier dernier, dont nous vous envoyons copie, tous les titres tant en parchemin qu'en papier existants dans les dépôts publics qui seront jugés propres au servive de l'artillerie.

Le Ministre demande ceux de ces titres dont la supression a été ordonnée par la loy du mois d'octobre 1792. Si vous en avez de ce genre, nous vous prions, Citoyens, de nous en instruire, pour que nous répondions au Ministre des objets sur lesquels il peut compter.

*Signé* : F. FRAIN, NINET, PATIN.

Nous avons reçu, Citoyens, votre lettre du 31 janvier dernier, qu'accompagnait une copie d'un décret de l'Assemblée nationale du 5 janvier dernier, qui ordonne le triage des papiers et parchemins propres au service de l'artillerie de marine. Conformément à ce décret, nous laisserons aux préposés du Ministre de la marine toute liberté pour procéder, sans délai, au triage et à l'enlèvement de ceux des papiers et parchemins qu'ils jugeront propres au service de l'artillerie, et qui seront dans notre dépôt. Jusqu'ici, nous n'avons qu'une poignée de papiers et parchemins, déposés par un citoyen, au greffe de la municipalité comme titres de noblesse.

ÉGALITÉ. — LIBERTÉ. — FRATERNITÉ OU LA MORT.

Beauvais, ce 15 messidor an second de la République française, une, indivisible et impérissable.

Les Administrateurs du Conseil permanent du district de Beauvais,

Aux Citoyens officiers municipaux de Beauvais.

Le département vient de nous transmettre, concitoyens, les ordres qu'il a reçus de l'agence de la conservation des armes et munitions de guerre de la République, pour faire recueillir tous les parchemins propres à faire des gargousses qui peuvent exister dans les différents dépôts de son ressort. Le triage que vous aurez fait faire dans vos Archives, pour en distraire les titres de propriétés mutilés, a dû en produire une certaine quantité, soit en feuilles détachées, soit en registres. Nous vous prions de nous les faire passer incessamment, afin que nous puissions les joindre à ceux provenant du dépôt de ce district, qui seront prêts sous quelques jours, et n'en faire qu'un seul envoi.

Nous vous observons que les plus petites feuilles doivent avoir quinze pouces de haut sur neuf pouces six lignes de long, et que tout ce qui se trouvera au-dessous des ces dimensions doit être au rebut.

Salut et fraternité.

*Signé :* Tallon, procureur : Bintot, A. Floury, Langlois.

(En marge sont écrites les deux mentions suivantes :)

Renvoyé au citoyen Lemaire Darion, pour disposer et faire l'envoi au district des objets ci-dessus.

*Signé :* Mauger.

Le 18 messidor, répondu en envoyant tous les parchemins, suivant les dimensions demandées.

LIBERTÉ. — ÉGALITÉ. — FRATERNITÉ OU LA MORT.

Beauvais, ce 19 messidor, deuxième année républicaine, an second de la République française, une, indivisible et impérissable.

Les Administrateurs du Conseil permanent du district de Beauvais,

Aux officiers municipaux de la commune de Beauvais.

Nous avons reçu, Citoyens, les deux paquets de parchemins que vous nous avez envoyés, provenant du tirage de vos Archives, pour être employés à faire des gargousses.

Salut et fraternité.

*Signé :* Demoulin, Bintot, Roger.

---

RHÔNE.

Après la correspondance que nous venons de reproduire, nous citons avec plaisir les trois délibérations suivantes de la municipalité de Lyon.

1607. — « Résolution prise par les échevins de Lyon « désormais tenue par la loi, » de ne pas laisser sortir des Archives les pièces originales de quelqu'importance. » (Registre AA. n° 114.)

« Demande en restitution d'anciens titres qu'on disait avoir été

pris jadis à Lyon par les Goths, et transportés par eux à Bordeaux. »
(Registre AA, 106.)

« Méthode prescrite pour le classement des Archives de la ville
de Lyon. » (Même registre.)

---

### PYRÉNÉES-ORIENTALES.

Des soustractions nombreuses et une longue négligence, dont ces
Archives sont enfin préservées, grâce au zèle du bibliothécaire de la
ville de Perpignan, ne les ont pas tellement appauvries qu'elles ne
puissent encore offrir des pièces importantes. (Rapport de M. Guizot, p. 6, 27 novembre 1834.)

---

### VAR.

M. Tessier a été chargé par le Conseil municipal de Toulon,
en 1860, du classement des Archives communales de cette ville, et
de l'établissement d'un inventaire analytique, qui était demandé depuis dix-huit ans.

Il a été convenu qu'il ne recevrait aucune rétribution personnelle,
mais que, si l'inventaire était agréé par l'autorité supérieure, une
somme de 3,000 francs serait répartie entre ses collaborateurs.

Le classement a été opéré de manière à mériter les encouragements et les félicitations de M. l'Inspecteur général des Archives
départementales. Il existe dans les bureaux de la préfecture une
dépêche ministérielle qui en fait foi.

On peut, en très-peu de mots, donner une idée exacte de l'importance de ce travail. Avec le concours des dix dévoués collaborateurs de M. Tessier, 80,000 pièces et 891 registres ont été analysés.
Les délibérations du Conseil de ville, contenues en 60 volumes in-
folio, ont été analysées, *année par année*, depuis cinq cents ans.
Les tables alphabétiques jointes à l'inventaire renferment plus de
dix mille indications.

---

### VENDÉE.

A Fontenay, la disparition des titres anciens peut être attribuée à l'incinération qui fut faite sur la place publique, au pied de l'arbre de la liberté, le 18 germinal an II, par ordre de la Société populaire, *de plusieurs voitures pleines de vieux papiers, qui blessaient les principes de l'égalité et de la raison.*

## III. ARCHIVES DES MAISONS HOSPITALIÈRES.

### 1° PERSONNEL. — RÉDACTEURS DES INVENTAIRES.

(Voir *Manuel*, p. 360, et l'*Annuaire* de 1862, p. 137.)

MARNE. *Châlons.* — M. de Montrond, élève de l'École des Chartes, désigné par S. Exc. M. le Ministre de l'Intérieur, a terminé l'inventaire des documents antérieurs à 1790 de l'hospice de la ville ; cet inventaire doit être soumis à l'examen prescrit par les règlements.

SEINE. *Quinze-Vingts.*—M. Marot, Secrétaire Archiviste, est chargé de publier l'inventaire des Archives antérieures à 1790.

*Assistance publique.* — M. Tartière, employé spécial des Archives, a été chargé par M. le Directeur du classement et de l'inventaire des Archives antérieures à 1790.

### 2° DÉLIBÉRATION DES CONSEILS GÉNÉRAUX RELATIVES AUX ARCHIVES DES ÉTABLISSEMENTS HOSPITALIERS,

AISNE. *Rapport du Préfet.* — L'inventaire des Archives hospitalières de Laon, qui comprend neuf volumes, est entièrement terminé, conformément aux indications prescrites par la circulaire du 10 juin 1854.

ALLIER. *Rapport du Préfet.* — Tous les dépôts d'Archives des maisons hospitalières ont été visités tour à tour, et M. l'Archiviste résume dans un tableau d'ensemble les renseignements qu'il y a

.ecueillis. Les inventaires des hospices ne se font pas aussi facilement que ceux des mairies ; j'espère toutefois que l'année prochaine verra disparaître la situation anormale qu'offre, sous ce rapport, le département de l'Allier.

DORDOGNE. *Rapport de l'Archiviste.* — Afin de remplir l'engagement pris, dans mon rapport du 25 mars dernier, sur les Archives hospitalières, et, après m'être entendu avec le secrétaire de l'hospice de Périgueux qui m'avait demandé de surseoir à l'inventaire des Archives de cet établissement, pour lui donner le temps d'organiser un nouveau bureau, dans lequel il était sur le point de s'installer, je me suis rendu de nouveau à cet hospice, avec mon collaborateur, où nous avons terminé l'inventaire commencé.

DRÔME. *Rapport de l'Archiviste.* — A Valence, les riches et nombreuses Archives de l'hospice ont été dépouillées et classées, grâce au concours intelligent de M. l'économe, à qui revient le principal mérite de cette œuvre patiente. Bientôt je m'occuperai de l'inventaire à dresser.

Pendant ce temps, je me suis rendu à L'Étoile, où j'ai dressé un inventaire, qui a été approuvé le 17 juillet dernier, et où j'ai commencé le classement des Archives communales modernes, les anciennes m'ayant été données par M. le Maire, pour faire partie du dépôt départemental.

M. le Maire de Pierrelatte m'ayant adressé ses Archives hospitalières, je les ai classées et inventoriées d'après les dernières instructions ; l'inventaire de la partie ancienne a été approuvé au ministère, et celui de la seconde partie par vous, Monsieur le Préfet.

PAS-DE-CALAIS. *Rapport du Préfet.* — L'administration des hospices d'Arras a terminé cette année le classement général de ses Archives. Ce travail, qui avait été entrepris en 1853, a donné lieu à la rédaction de cinq inventaires qui ont été approuvés par S. Exc. M. le Ministre de l'Intérieur.

BAS-RHIN. *Rapport du Préfet.* — L'inventaire rectifié des Archives hospitalières de Haguenau est soumis en ce moment à l'approbation ministérielle.

Par décision de Son Excellence M. le Ministre de l'Intérieur, l'hospice Impérial des Quinze-Vingts et l'administration générale de l'Assistance publique à Paris font imprimer dans ce moment l'inventaire de leurs Archives.

---

### 3° DÉCRETS, DÉCISIONS ADMINISTRATIVES ET CIRCULAIRES.

#### PRÉCÉDENTS ADMINISTRATIFS.

(Voyez les n⁰ˢ 1 et 2, *Manuel*, p. **362**.)

3. Les registres de naissances, mariages et décès qui se trouvent dans les Archives des hospices ne doivent pas y rester ; ils seront déposés aux greffes des tribunaux d'arrondissement, ou remis aux communes qu'ils concernent. (*Décis.* du 7 septembre 1855, *Loire.*)

---

### 4° NOTICES SUR LES ARCHIVES ANTÉRIEURES A 1790 CONSERVÉES DANS LES HOSPICES.

ASSISTANCE PUBLIQUE A PARIS. — Collections qui y sont conservées. Ces Archives comprennent tous les documents relatifs aux établissements hospitaliers dont les noms suivent :

L'Hôtel-Dieu, dont l'inventaire est sous presse (trois feuilles sont déjà tirées) ;

L'hôpital Saint-Gervais ;

— Sainte-Catherine ;

— des Petites-Maisons (hospices des Ménages ;

Le Grand bureau des pauvres ;

L'hospice des Incurables femmes ;

Les convalescents de l'Hôtel-Dieu ;

— de la Charité ;

Les hospitalières de la place Royale ;

— de la Roquette ;

— de la rue Mouffetard ;

L'hôpital Saint-Louis ;

— de la Charité ;

— des Enfants-Rouges ;

— des Enfants malades (Enfant-Jésus, rue de Sèvres) ;

Les hospitalières de Saint-Mandé ;

L'hôpital Saint-Jacques ;

L'hospice des Incurables hommes ;

— de Vaugirard ;

L'hôpital des Cent filles ;

La Maison de l'Enfant-Jésus (rue des Postes) ;

— de l'Enfant-Jésus (faubourg Saint-Laurent) ;

L'hôpital Sainte-Anne ;

La Maison de Charenton ;

— des Filles de la Providence ;

L'hôpital de la Trinité ;

— du Saint-Esprit ;

Les orphelines de Saint-Sulpice ;

La communauté des Miramiones ;

La Maison de Montrouge ;

La communauté de Saint-François de Sales ;

— de Saint-Louis, à Saint-Cyr ;

La maison de la Crèche ;

L'Hôpital Général :
{
Maison de Scipion ;
— de la Savonnerie ;
— du Refuge ;
— de Bicêtre ;
— de la Salpêtrière ;
— de la Pitié ;
}

Enfin, la Maison des Enfants trouvés.

# IV. BIBLIOTHÈQUES ADMINISTRATIVES DES PRÉFECTURES

1º PERSONNEL. (Voir *Annuaire* de 1862, p. 144.)

2º DÉLIBÉRATIONS DES CONSEILS GÉNÉRAUX RELATIVES AUX BIBLIOTHÈQUES ADMINISTRATIVES.

Ain. — Le Conseil accorde un crédit de 1,000 francs pour achat d'ouvrages administratifs, destinés à la préfecture et aux sous-préfectures; M. le Préfet est prié de vouloir bien tenir la main à ce qu'à la préfecture et dans les sous-préfectures il soit dressé des catalogues destinés à assurer la conservation des livres composant ces bibliothèques.

Basses-Alpes. *Rapport du Préfet.* — La bibliothèque administrative est classée avec ordre et méthode.

Elle s'enrichit chaque année des meilleurs ouvrages de jurisprudence, autant que le permettent les fonds alloués par le Conseil général. Elle ne se compose que d'ouvrages traitant des affaires administratives èt utiles pour l'instruction et la suite des affaires départementales et communales.

Cantal. *Rapport de la Commission.* — M. le Préfet propose d'allouer 300 francs pour l'achat d'ouvrages d'administration destinés à la préfecture et aux sous-préfectures. Il donne des explications détaillées sur la nécessité de ce crédit et l'emploi qu'il est appelé à recevoir. Malgré son insistance, comme les années précédentes et par les mêmes motifs, le Conseil n'alloue que la somme de 200 fr., affectée exclusivement aux besoins de la préfecture.

Corse. *Rapport du Préfet.* — La bibliothèque administrative a été installée dans une salle spéciale et préparée à son usage. Tous les livres et documents imprimés qui se trouvaient précédemment aux Archives y ont été transférés. Tous les documents officiels envoyés par les différents ministères y sont soigneusement classés. La bibliothèque s'est enrichie cette année du grand *Répertoire* de Dalloz et de plusieurs autres ouvrages que les fonds mis à ma disposition par le Conseil général m'ont permis d'acquérir.

CREUSE. — Les améliorations qui vous sont signalées, depuis plusieurs années, dans le service de la bibliothèque administrative de la préfecture, ont été réalisées en partie pour les bibliothèques de sous-préfectures depuis votre dernière session. Les catalogues, qui n'existaient pas auparavant, ont été dressés et approuvés par M. le Ministre de l'Intérieur, et, en même temps que la propriété du département était ainsi constatée, les mesures nécessaires pour la conservation des livres et surtout des collections périodiques étaient prises dans les diverses sous-préfectures.

Une grande quantité de volumes, principalement des *Bulletins des lois*, du *Recueil administratif* et du *Recueil des arrêts du Conseil d'État* ont été reliés, et on a pu acquérir quelques-uns des ouvrages récents les plus au courant de l'administration actuelle. Mais les reliures qui sont le plus urgentes sont loin encore d'être terminées ; aussi, pour fournir à cette dépense, je vous propose, Messieurs, d'augmenter cette année de 100 francs l'allocation ordinaire votée pour le service des bibliothèques administratives, qui s'élèverait ainsi à 600 fr. et serait pourtant inférieure de 100 francs à celle du budget de 1861.

COTES-DU-NORD. *Rapport de la Commission.* — M. le Préfet vous propose, pour la bibliothèque administrative, le même crédit que l'an passé, soit 600 francs pour la préfecture et les sous-préfectures.

Votre Commission des Finances à l'honneur de vous proposer d'adopter les chiffres demandés et d'inviter M. le Préfet à vouloir bien donner des instructions pour que, dans les chefs-lieux d'arrondissement surtout, où les dépôts publics de livres ne sont pas toujours nombreux, ceux-ci soient accessibles au plus grand nombre possible de fonctionnaires.

ILLE-ET-VILAINE. *Rapport du Préfet.* — Mon dernier rapport annonçait que le classement des livres de la bibliothèque de la Préfecture était terminé. Depuis cette époque, M. l'Archiviste en a rédigé le catalogue, dont une copie, adressée au ministère, a été approuvée.

MAYENNE. *Rapport du Préfet.* — J'ai fait distraire des Archives tous les ouvrages administratifs et autres susceptibles d'être consultés fréquemment; j'en ai formé une bibliothèque spéciale, que j'ai établie dans la chambre du Conseil de préfecture et dont la direction et la surveillance sont restées confiées à M. l'Archiviste.

OISE. — Achat d'ouvrages d'administration pour la Préfecture et les Sous-préfectures, 500 francs.

---

### 3° DÉCISIONS ADMINISTRATIVES ET CIRCULAIRES.

#### PRÉCÉDENTS ADMINISTRATIFS.

(Voyez *Manuel*, p. 367, et l'*Annuaire* de 1862, p. 147.)

2. Les publications périodiques fournies par l'État et les livres achetés sur les fonds départementaux sont confiés à la garde des Préfets; c'est à eux de remplacer les exemplaires manquants. (*Décis.* du 10 septembre 1842, *Bas-Rhin.*)

---

### 4° NOTICE SUR LES BIBLIOTHÈQUES ADMINISTRATIVES DES PRÉFECTURES.

L'abondance des renseignements relatifs aux Archives départementales nous oblige d'ajourner à l'*Annuaire* de 1864 la suite des *Notices* sur ces bibliothèques.

# TABLE DE L'ANNUAIRE DE 1863.

Page .

Paris. — Impr. de Paul Dupont, rue de Grenelle-Saint-Honoré, 45.

www.ingramcontent.com/pod-product-compliance
Lightning Source LLC
Chambersburg PA
CBHW070755290326
41931CB00011BA/2019